中国式现代化

中国社会科学杂志社 编

人民出版社

目　　录

内　涵　篇

历　史　篇

理　论　篇

正确理解和大力推进中国式现代化

——社科界深入学习领会习近平总书记在学习贯彻党的二十大精神研讨班开班式上重要讲话

◇《中国社会科学报》记者　段丹洁

春意盎然,尽显蓬勃生机。

2023年2月7日,新进中央委员会的委员、候补委员和省部级主要领导干部学习贯彻习近平新时代中国特色社会主义思想和党的二十大精神研讨班在中央党校(国家行政学院)开班。习近平总书记在开班式上发表重要讲话强调,概括提出并深入阐述中国式现代化理论,是党的二十大的一个重大理论创新,是科学社会主义的最新重大成果。

党的二十大明确提出新时代新征程中国共产党的中心任务,擘画以中国式现代化全面推进中华民族伟大复兴的伟大蓝图,"两步走"战略目标愈发明晰:从2020年到2035年基本实现社会主义现代化;从2035年到本世纪中叶把我国建成富强民主文明和谐美丽的社会主义现代化强国。

顶层设计已建构,开局之年的第一课,聚焦中国式现代化,为广大党员干部满怀信心开新局、为社科界正确理解和大力推进中国式现代化提供了根本遵循，在社科界引发学习研究热潮。

为中国式现代化提供根本遵循

抚今追昔，鉴往知来。习近平总书记指出，中国式现代化是我们党领导全国各族人民在长期探索和实践中历经千辛万苦、付出巨大代价取得的重大成果，我们必须倍加珍惜、始终坚持、不断拓展和深化。

回顾中国共产党百余年的现代化奋斗历程，华东师范大学副校长顾红亮感触颇深。他表示，中国共产党一经成立，就肩负起探索中国现代化道路的历史重任，成功找到了中国式现代化的正确道路。中国共产党带领全国各族人民对现代化建设不断探索和实践，百折不挠，付出了巨大代价，取得了重大成果，为中国式现代化理论体系的初步构建奠定了坚实的基础。

一棒接着一棒跑，一茬接着一茬干。党的十八大以来，我们党在已有基础上继续前进，不断实现理论和实践上的创新突破，成功推进和拓展了中国式现代化。中央党校（国家行政学院）科研部副主任洪向华认为，习近平总书记在开局之年的第一课以正确理解和大力推进中国式现代化为主题，深刻阐述了中国式现代化的一系列重大理论和实践问题，充分彰显了以习近平同志为核心的党中央以中国式现代化推进全面建设社会主义国家、实现第二个百年奋斗目标的坚强决心和坚定信心，为大力推进中国式现代化提供了根本遵循和思想指南。

1月17日，国家统计局发布数据显示，我国国民经济再上新台阶。初步核算,2022年全年国内生产总值1210207亿元,同比增长3%。跨越十个春秋,中国经济实力实现历史性突破,全面建成小康社会目标如期实现,民生福祉不断增加,民主法治更加健全,美丽中国再展新颜……一系列战略性举措、一系列变革性实践、一系列突破性进展,为推进中国式现代化不断添砖加瓦。

新时代十年,我们实现了全国832个贫困县全部摘帽,脱贫攻坚战取得了全面胜利。中国社会科学院学部委员金碚欣喜地表示,一个14亿多人口的大国,走中国特色社会主义的市场经济道路,实现了全面脱贫进入小康社会。这是人类发展史上的旷古成就,也是中国向共同富裕目标迈进的一个重大步骤。这一成就更是中国式现代化的最突出表现,是中华民族对全人类的重要贡献。

党的十八大报告提出,在新中国成立一百年时建成富强民主文明和谐的社会主义现代化国家。党的二十大报告全面和系统地阐述了"中国式现代化"的五大特征,明确"中国式现代化"九个方面的本质要求。中国社会科学院法学研究所所长莫纪宏谈道,党的二十大报告在现代化理论方面的最大贡献是,在阐述"中国式现代化"的具体特征时强调了"物质文明现代化"与"精神文明现代化"之间的高度统一性以及党和国家各项事业具体形态的"中国式现代化"。党员干部要结合党的二十大报告关于"中国式现代化"具体内涵的阐述,全面和准确地理解党的二十大报告在继承和发展中国式现代化理论方面所取得的巨大成就,形成的系统化、体系化的"中国式现代化"理论。

中国式现代化既遵循了现代化一般规律,又具有本国特色,因而能够走得通、行得稳。天津大学马克思主义学院院长颜晓峰表示,中国式现代化在理论和实践上证明了现代化道路多样性的可能性和必然性，也为人类探索更好社会制度提供了中国方案。继续推进和拓展中国式现代化要坚持系统观念，把握现代化建设的辩证关系；要增强忧患意识，坚持底线思维，敢于斗争、善于斗争，把握历史主动。

坚持习近平新时代中国特色社会主义思想

由中国共产党带领中国人民探索现代化道路，是历史所趋、民心所向。开班式上，习近平总书记对此作出进一步深入阐述——

党的领导决定中国式现代化的根本性质；

党的领导确保中国式现代化锚定奋斗目标行稳致远；

党的领导激发建设中国式现代化的强劲动力；

党的领导凝聚建设中国式现代化的磅礴力量。

历史和现实反复证明，中国共产党自成立以来，就团结带领全国人民为中国式现代化进行不懈奋斗。陕西师范大学文学院教授张新科表示，中国式现代化是全体人民共同富裕的现代化，只有中国共产党能够代表全体人民的根本利益，能够坚持以人民为中心的发展思想，能够凝聚起强大的力量。中国式现代化是中国共产党领导的社会主义现代化，这是中国社会主义制度和性质所决定的。只有坚持中国共产党的领导，才能确保中国式现代化锚定奋斗目标行稳致远，为中华民族伟大复兴开辟广阔前景。

"在大历史观下观察和理解中国式现代化，从我们党百年奋斗史的角度全面把握中国式现代化，是党领导人民成功走出了中国式现代化道路。"南京大学哲学系教授郭广银谈道，中国式现代化理论逻辑严密、内涵丰富，具有中国特色、切合中国实际，体现社会主义原则。党的领导与社会主义是中国式现代化区别于西方现代化的最本质特征，也是中国式现代化在具体展开层面呈现出多样性特征的根本原因。

党的领导直接关系中国式现代化的根本方向、前途命运、最终成败。洪向华表示，党的领导决定中国式现代化的根本性质，激发建设中国式现代化的强劲动力，凝聚建设中国式现代化的磅礴力量，确保了中国式现代化不会偏离航向。

坚持中国共产党领导是中国式现代化领导力量的本质要求，坚持中国特色社会主义是中国式现代化社会制度的本质要求，彰显的是中国式现代化的领导优势和制度优势。山东大学青岛校区党工委常务副书记邢占军表示，实现高质量发展、发展全过程人民民主、丰富人民精神世界、实现全体人民共同富裕、促进人与自然和谐共生，分别体现了中国式现代化经济建设、政治建设、文化建设、社会建设、生态文明建设的本质要求。推动构建人类命运共同体和创造人类文明新形态，深刻体现了中国式现代化对推动世界和平发展和促进人类文明进步的本质要求。

党的十八大以来，习近平新时代中国特色社会主义思想以一系列原创性治国理政新理念新思想新战略，科学回答中国之问、世界之问、人民之问、时代之问，开辟了马克思主义中国化时代化新境界。在洪向华看来，新时代新征程上，坚决维护习近平总书记党中央的核心、全党的核心地位，要坚持不懈用习近平新时代中国特色社会主义思想凝心铸魂，坚持学思用贯通、知信行统一，推动中国式现代化实践进程及理论构建取得更加举世瞩目、彪炳史册的辉煌业绩。

当前的中心工作是以中国式现代化全面推进中华民族伟大复兴。中国人民大学马克思主义学院副院长陶文昭表示，在推进中国式现代化进程中，首先，要把握好习近平新时代中国特色社会主义思想的世界观和方法论,坚持好、运用好贯穿其中的立场观点方法,始终牢记"六个必须坚持",坚持人民至上、坚持自信自立、坚持守正创新、坚持问题导向、坚持系统观念、坚持胸怀天下。其次,中国式现代化理论是习近平新时代中国特色社会主义思想的重要组成部分,对推进中国式现代化具有直接指导意义。要始终遵循中国式现代化的理论指导与具体战略,为中国式现代化提供坚实战略支撑。

华中科技大学国家治理研究院院长欧阳康表示,中国式现代化理论既是我们党的思想理论的重要提升,也是未来发展的思想指引。推进中国式现代化,必须坚持习近平新时代中国特色社会主义思想在中国式现代化发展中的指导地位,坚持习近平新时代中国特色社会主义思想的世界观和方法论,更好地推进中国式现代化,推进中华民族伟大复兴。

吉林大学马克思主义学院院长吴宏政认为,一方面,要扎实做到习近平新时代中国特色社会主义思想"内化于心",用习近平新时代中国特色社会主义思想武装头脑和灵魂。这就需要深入学习习近平新时代中国特色社会主义思想,把握其精髓要义和精神实质,做到思想认同和情感认同。特别是深刻认识到"两个确立"对于推进中国式现代化和实现中华民族伟大复兴的决定性意义。另一方面,要切实做好习近平新时代中国特色社会主义思想"外化于行",转变为推进中国式现代化建设、实现中华民族伟大复兴的"物质力量"。结合中国式现代化建设的重大战略需求,社科界要充分发扬历史主动精神,把习近平新时代中国特色社会主义思想贯彻落实到发展现实中,最终实现实践认同。

在扎实推进中国式现代化建设这一伟大而艰巨的事业中,中国共产党是领导核心,是中流砥柱。西北师范大学副校长田澍提出,全体共产党人必须永葆先进性。作为领导干部,一方面,要遵纪守法,严于律己,真正做到廉洁从政,拥有敢于斗争的底气,以充分的自信轻装上阵,无所畏惧,勇往直前;另一方面,要善于学习,敢于担当,不断增强领导能力和斗争本领,敢为人先,开拓创新,在严峻复杂的环境中把握正确的方向。

不断完善中国式现代化理论体系

党的二十大报告深入阐述了中国式现代化的中国特色、本质要求和重大原则,习近平总书记强调,我们"初步构建中国式现代化的理论体系,使中国式现代化更加清晰、更加科学、更加可感可行"。

中国社会科学院大学校长张政文表示,在理论上,我们党概括形成中国式现代化的中国特色、本质要求和重大原则,初步构建了中国式现代化的理论体系,特别是习近平总书记在这次研讨班上提出正确处理好六个重大关系,为推进中国式现代化提供了理论遵循。在实践上,新时代中国特色社会主义事业取得的历史性成就、发生的历史性变革,科教兴国战略、人才强国战略、乡村振兴战略等系列重大战略的深入实施,制造强国、质量强国、航天强国、交通强国、数字中国等系列强国建设的实践推进,使得推进中国式现代化的宏图愿景更加清晰、制度保证更加完善、物质基础更加坚实、精神力量更加主动、实践推进更加科学、建设成果更加可感。

从战略完善到实践成果,从物质基础到制度保证,党的十八大以来,我们党不断推进和拓展中国式现代化理论体系。中央党校(国家行政学院)党的建设教研部教授曹鹏飞表示,习近平新时代中国特色社会主义思想实现了马克思主义中国化时代化新的飞跃,为中国式现代化提供了根本遵循;初步构建起中国式现代化的理论体系,实现了中国式现代化的理论独立;理论和实践创新推动党和国家事业取得历史性成就、发生历史性变革,为中国式现代化提供了更为完善的制度保证、更为坚实的物质基础、更为主动的精神力量。

在颜晓峰看来,科学的世界观和方法论为中国式现代化提供了理论创新的逻辑前提。坚持人民至上、自信自立、守正创新、问题导向、系统观念、胸怀天下,使中国式现代化有效地突破了西方现代化逻辑束缚。鲜活生动的创造性实践,为中国式现代化理论创新提供了现实依据。在人口众多的东方大国建成社会主义现代化强国没有现成经验可循,中国式现代化理论是在党领导人民进行现代化建设过程中积累的规律性认识;"两个结合"构成了中国式现代化理论创新的根本途径。立足中国实际,中国式现代化不断丰富发展着世界现代化理论,意义重大。

中国式现代化既有各国现代化的共同特征,更有基于自己国情的鲜明特色。"中国式现代化是人口规模巨大的现代化、是全体人民共同富裕的现代化、是物质文明和精神文明相协调的现代化、是人与自然和谐共生的现代化、是走和平发展道路的现代化。"党的二十大报告明确概括了中国式现代化的中国特色与科学内涵,符合中国实际,更打破了"现代化=西方化"的迷思。

顾红亮表示,中国式现代化既吸收中华优秀传统文化的精髓,又吸收人类优秀文明的成果,既体现科学社会主义的先进本质,又体现人类文明进步的发展方向,拓展了发展中国家走向现代化的路径选择,为世界上渴望发展的其他国家树立了典范。

推进中国式现代化,是一项前无古人的开创性事业,必然会遇到各种可以预料和难以预料的风险挑战、艰难险阻甚至惊涛骇浪。习近平总书记强调，必须增强忧患意识，坚持底线思维，居安思危、未雨绸缪，敢于斗争、善于斗争，通过顽强斗争打开事业发展新天地。

惟其艰巨，所以伟大；惟其艰巨，更显荣光。中山大学中共党史党建研究院执行院长张浩表示，当前，世界百年未有之大变局加速演进，国际力量对比深刻调整，世纪疫情影响深远。我国处在改革发展稳定的关键期，面临不少躲不开、绕不过的深层次矛盾，将给国家安全和中国式现代化实践带来多重挑战。因此，我们既要有防范风险的先手，也要有应对和化解风险挑战的高招。既善于从战略高度和全局维度思考处理问题，又善于从策略上解难题，灵活调整斗争策略，不断夺取新时代伟大斗争的新胜利。

曹鹏飞提出，切实把握好习近平新时代中国特色社会主义思想的世界观和方法论，必须坚持人民至上，这是贯穿习近平新时代中国特色社会主义思想的一条红线；坚持自信自立，坚定道路自信、理论自信、制度自信、文化自信，才能实现伟大变革；必须坚持守正创新，才能把握时代，不迷失方向；坚持问题导向，不断提出真正解决问题的新理念新思路新办法；坚持系统观念，通过历史看现实、透过现象看本质，把握好全局和局部、当前和长远、宏观和微观等关系；坚持胸怀天下，为解决人类面临的共同问题作出贡献，为维护世界和平与促进共同发展提供中国智慧、中国方案。

发挥积极主动的探索精神

千红万紫安排著，只待新雷第一声。2023 年是全面贯彻党的二十大精神的开局之年，坚持系统论观点，布好中国式现代化"一盘棋"至关重要。习近平总书记在这次研讨班上提出，正确处理好顶层设计与实践探索、战略与策略、守正与创新、效率与公平、活力与秩序、自立自强与对外开放等六个重大关系，为推进中国式现代化提供了理论遵循。

陶文昭表示，正确处理好六个重大关系是重大理论创新，提供了推进中国式现代化的方法论，不仅是思想方法，而且是工作方法。我们要充分发挥主动性、积极性、创造性，以科学的方法将中国式现代化推向成功。

张新科说，推进中国式现代化是一个巨大的系统工程，这"一盘棋"的开局很关键，要坚持稳字当头、稳中求进的原则。推进中国式现代化，需要坚持系统论观点，按照系统论的规律，全面协调各要素之间的关系。

习近平总书记特别指出，推进中国式现代化是一个探索性事业，还有许多未知领域，需要我们在实践中去大胆探索。在欧阳康看来，哲学社会科学界做好中国式现代化建设的智囊团，关键要有新思想、新方法和新境界。通过开展多维和系统的研究，提升中国式现代化的思想视野和理论自觉。他举例说，中国式现代化的本和源、根和魂都是在历史中生成的，这就必须加强历史研究，深入研究中国式现代化的开展和发生，揭示其本质特征和内在规律；中国式现代化既有世界现代化的共同特征，更有基于自己国情的中国特色，因此要加强比较研究；推进中国式现代化是一个系统工程，正确处理好六个重大关系，需要加强系统研究。哲学社会科学工作者既要能够开展全面深入的理论阐释，也要能够针对问题提出对策建议。

哲学社会科学的发展水平反映一个民族的思维能力、精神品格、文明素质,体现一个国家的综合国力和国际竞争力。四川大学马克思主义学院教授张洪松表示,中国式现代化的推进,迫切要求中国哲学社会科学着眼推进中国式现代化进程中的实际问题,不断在理论上进行探索,从而更好服务中国式现代化的伟大实践。社科界要摆脱以西方知识体系为中心的研究方式,超越西方式现代化带来的知识迷思。哲学社会科学工作者要把握中国式现代化的理论与实践,加快形成中国式现代化的自主知识体系。

创新、协调、绿色、开放、共享的新发展理念是习近平经济思想的重要内容。吉林省社会科学院副院长郭连强提出,以中国式现代化全面推进中华民族伟大复兴,要完整、准确理解好新发展理念,把新发展理念贯彻到中国式现代化的全过程:通过创新发展解决好现代化发展的动力问题,实现发展方式的根本性转变;通过协调发展解决好现代化进程中发展的不平衡问题,实现物质文明和精神文明相协调;通过绿色发展解决好现代化进程中人与自然关系问题,实现人与自然的和谐共生;通过开放发展解决好现代化进程中的互利共赢问题;通过共享发展解决好现代化进程中的社会公平正义问题,实现全体人民的共同富裕。

中国式现代化的探索是成功的,中国式现代化理论体系的构建体现了中国价值和中国智慧。顾红亮表示,我们有责任向世界讲好中国式现代化的成功故事,深入阐述中国式现代化理论的世界意义。这就是阐释作为全新的人类文明形态的中国式现代化的意义,阐释如何打破"现代化就是西方化"的认识误区,为广大发展中国家的现代化建设提供中国经验和方案,阐释中国式现代化蕴含的独特世界观、价值观、历史观、文明观、民主观、生态观等意蕴及其对世界现代化理论的重大贡献。

郭广银表示,随着中国式现代化实践的不断向前推进和拓展,哲学社会科学界应积极发挥探索和创新精神,深化学理逻辑,以高质量研究成果推动中国式现代化理论不断丰富和完善。

击鼓催征稳驭舟,奋楫扬帆启新程。在以习近平同志为核心的党中央坚强领导下,在习近平新时代中国特色社会主义思想科学指引下,以中国式现代化全面推进中华民族伟大复兴,创造人类文明新形态,中国共产党正带领全国人民意气风发,行进在不可逆转的民族复兴的新征程上。

(《中国社会科学报》记者查建国、陆航、曾江、王广禄、
孙美娟、张译心、张清俐、李永杰、明海英、钟义见、
朱羿参与采访)

内 涵 篇

中国式现代化理论体系的基本构成

◇刘建军

2023 年 2 月 7 日,习近平总书记在学习贯彻党的二十大精神研讨班开班式上发表重要讲话,对中国式现代化作了集中而深刻的论述。他指出,概括提出并深入阐述中国式现代化理论,是党的二十大的一个重大理论创新,是科学社会主义的最新重大成果。经过党的二十大的重点论述,特别是习近平总书记的系统阐述,中国式现代化理论已经呈现出科学体系的轮廓。大体来说,这一理论体系主要包括以下九个方面的基本内容。

中国式现代化的根本性质。党的二十大报告对"中国式现代化"下了一个简单的定义:"中国式现代化,是中国共产党领导的社会主义现代化。"这一界定直截了当地揭示了中国式现代化的社会政治内涵,标明了中国式现代化的根本性质。"根本性质"是习近平总书记在开班式上重要讲话中使用的概念,他鲜明指出:"党的领导决定中国式现代化的根本性质。"这表明,中国式现代化的实现不是一个自发的、在偶然性中缓慢演进的过程,而是我们党率领中华民族优秀儿女自觉推进的过程;中国式现代化不是由软弱的中国资产阶级领导的,而是由坚强的中国无产阶级及其政党领导的;中国式现代化不是像西方国家那样与资本主义制度相结合,而是与社会主义制度相结合。只有深刻把握中国式现代化的这一根本性质,才能进一步把握好其他的规定性。

中国式现代化的根本遵循。中国式现代化是有指导思想的,习近平新时代中国特色社会主义思想,是中国式现代化的根本遵循。在新中国成立特别是改革开放以来长期探索和实践的基础上,经过党的十八大以来理论和实践上的创新突破,我们党成功推进和拓展了中国式现代化。我们党对中国特色社会主义和中国式现代化的认识不断深化,创立了习近平新时代中国特色社会主义思想,实现了马克思主义中国化时代化新的飞跃,为中国式现代化提供了根本遵循。在党的二十大上形成的中国式现代化理论,是习近平新时代中国特色社会主义思想的重要组成部分,对新时代新征程上推进中国式现代化具有更直接的指导意义。

中国式现代化的鲜明特色。习近平总书记指出,一个国家走向现代化,既要遵循现代化一般规律,更要符合本国实际,具有本国特色。中国式现代化既有各国现代化的共同特征,更有基于自己国情的鲜明特色。党的二十大报告从五个方面对此作了明确概括:中国式现代化是人口规模巨大的现代化,是全体人民共同富裕的现代化,是物质文明和精神文明相协调的现代化,是人与自然和谐共生的现代化,是走和平发展道路的现代化。这五个方面的特征,既是理论概括又是实践要求,深刻揭示了中国式现代化的科学内涵,集中体现了中国式现代化不同于其他国家现代化的特点。

中国式现代化的本质要求。中国式现代化是一个由多方面构成的有机整体,推进中国式现代化建设有多方面的本质要求。党的二十大从九个方面全面概括了中国式现代化的本质要求,即坚持中国共产党领导,坚持中国特色社会主义,实现高质量发展,发展全过程人民民主,丰富人民精神世界,实现全体人民共同富裕,促进人与自然和谐共生,推动构建人类命运共同体,创造人类文明新形态。由此看出,中国式现代化的本质要求是全面系统的,包括了国家政治生活和经济社会发展的各个方面。既有经济建设的要求,也有政治建设和文化建设的要求;既有人与社会关系上的要求,也有人与自然关系上的要求;既有中华民族共同体的建设,也有人类命运共同体的构建。

中国式现代化的宏伟蓝图。实现现代化是我国改革开放和社会主义建设的战略目标,为了实现这一目标需要有相应的战略安排。党的十九大和二十大对中国式现代化的宏伟蓝图及其实现步骤作了科学描绘:全面建成社会主义现代化强国,总的战略安排是分两步走:从 2020 年到 2035 年基本实现社会主义现代化;从 2035 年到本世纪中叶把我国建成富强民主文明和谐美丽的社会主义现代化强国。特别是党的二十大进一步明确了 2035 年我国发展的总体目标,从八个方面对我国的发展程度和要求作了全面而明晰的规定,并强调在此基础上继续奋斗,到本世纪中叶把我国建设成为综合国力和国际影响力领先的社会主义现代化强国。

中国式现代化的重大原则。全面建设社会主义现代化国家,是一项伟大而艰巨的事业,前途光明,任重道远。前进道路上必须牢牢把握以下重大原则。一是坚持和加强党的全面领导。坚决维护党中央权威和集中统一领导,把党的领导落实到党和国家事业各领域各方面各环节。二是坚持中国特色社会主义道路。既不走封闭僵化的老路,也不走改旗易帜的邪路。三是坚持以人民为中心的发展思想。维护人民根本利益,增进民生福祉,让现代化建设成果更多更公平惠及全体人民。四是坚持深化改革开放。深入推进改革创新,坚定不移扩大开放,不断把我国制度优势转化为国家治理效能。五是坚持发扬斗争精神。增强人民的志气、骨气、底气,不信邪、不怕鬼、不怕压,依靠顽强斗争打开事业发展新天地。

中国式现代化的重大关系。推进中国式现代化是一项系统工程,需要统筹兼顾、系统谋划、整体推进。为此,必须正确处理好若干重大关系。一是顶层设计与实践探索的关系。既要发挥高层战略谋划和领导作用,又要发挥基层实践探索的积极性。二是战略与策略的关系。既要增强战略稳定性,又要保持策略灵活性,在因势而动、顺势而为中把握战略主动。三是守正与创新的关系。既要守好中国式现代化的本和源、根和魂,确保现代化的正确方向,又要把创新摆在国家发展全局的突出位置。四是效率与公平的关系。既要创造比资本主义更高的效率,又要更有效地维护社会公平,更好实现效率与公平相兼顾、相促进、相统一。五是活力与秩序的关系。既要不断激发经济社会发展活力,又要坚定维护国家安全,实现发展和安全的更好统筹。六是自立自强和对外开放的关系。既要坚持把国家和民族发展放在自己力量的基点上,把国家发展进步的命运牢牢掌握在自己手中,又要不断扩大高水平对外开放,拓展中国式现代化的发展空间。

中国式现代化的思想蕴含。中国式现代化是理论与实践的统一体,不仅包含着独特的实践创造,而且蕴含着独特的思想创新。其中蕴含的独特世界观,体现着辩证唯物主义关于物质世界普遍联系和变化发展的基本观点,体现着中国传统文化中天人合一的合理思想;蕴含的独特价值观,体现着人民至上和以人民为中心的价值追求,体现着物的全面丰富和人的全面发展相统一的思想;蕴含的独特历史观,体现着历史发展规律性和人民群众历史主动性相统一的思想;蕴含的独特文明观,体现着人类文明进步的必然性和世界文明的多样性,体现着物质文明、政治文明、精神文明、社会文明、生态文明相统一的思想;蕴含的独特民主观,体现着人民当家作主和全过程人民民主的创新思想;蕴含的独特生态观,体现着人与自然和谐共生的新理念。

中国式现代化的世界意义。实践证明,中国式现代化走得通、行得稳,是强国建设、民族复兴的唯一正确道路。我们依靠中国式现代化,用几十年时间走完西方发达国家几百年走过的工业化历程,创造了经济快速发展和社会长期稳定两大奇迹,为中华民族伟大复兴开辟了广阔前景。此外,中国式现代化还为广大发展中国家独立自主迈向现代化树立了典范,提供了全新选择。可以说,中国式现代化理论与实践上的伟大创造,是对世界现代化理论和实践的重大创新。中国式现代化的世界历史性意义集中体现在,它创造了人类文明新形态。

(作者系中国人民大学马克思主义学院教授)

中国式现代化蕴含的独特"六观"

◇辛向阳

习近平总书记 2023 年 2 月 7 日在学习贯彻党的二十大精神研讨班开班式上的重要讲话中提出了一个重要论断:"中国式现代化蕴含的独特世界观、价值观、历史观、文明观、民主观、生态观等及其伟大实践,是对世界现代化理论和实践的重大创新。"这个论断的内涵十分丰富,对于我们更加全面地把握中国式现代化的世界影响具有极为现实的意义。

中国式现代化蕴含着独特的世界观。在开辟、拓展中国式现代化的历史进程中,中国共产党人形成了包括以下主要内容的世界观:深刻认识到中国式现代化不是离开世界现代化大道进行的,它是世界现代化洪流中的巨流,更是引领人类现代化走向更加光明未来的大潮,是任何"堤坝"都无法阻挡的大潮;中国式现代化具有世界现代化的共同特征,同时遵循现代化一般规律,包括工业化的一般规律、城市化的一般规律等;中国式现代化打破了"现代化=西方化"的迷思,打破了西方现代化就是人类命运唯一选择的迷雾,打破了"资本主义现代化才能使国家强盛"的谜题。当我国建成社会主义现代化强国,成为世界上第一个不是走资本主义道路而是走社会主义道路成功建成现代化强国时,我们党领导人民在中国进行的伟大社会革命将更加充分地展示出其历史意义。

中国式现代化蕴含着独特的价值观。这一价值观是由四个方面构成的:中华优秀传统文化中的价值观,如德主刑辅、以德化人的德治主张,民贵君轻、政在养民的民本思想,等贵贱均贫富、损有余补不足的平等观念,法不阿贵、绳不挠曲的正义追求,孝悌忠信、礼义廉耻的道德操守,等等,都成为中国式现代化内在的价值追求;科学社会主义的价值观主张,也就是科学社会主义基本原则的价值理念化,这些理念不仅是科学社会主义先进本质的要求,而且是中国式现代化的科学基础;社会主义核心价值观,社会主义核心价值观把涉及国家、社会、公民的价值要求融为一体,既继承了中华优秀传统文化,又体现了社会主义本质要求,更丰富了中国式现代化的理念要求;全人类共同价值,"和平、发展、公平、正义、民主、自由"的价值要求也是贯穿中国式现代化全过程的价值观。

中国式现代化蕴含着独特的历史观。这一历史观包括三点:一是揭露西方现代化的虚伪性。一些西方国家走的是通过战争、殖民、掠夺等方式实现现代化的老路,那种损人利己、充满血腥罪恶的老路给广大发展中国家人民带来了深重苦难,正如马克思所指出的,"在现实历史的编年史中,征服、奴役、劫掠,总之,暴力统治占优势。但是在恬静的政治经济学教科书中,从来就是田园诗占统治地位。按照这些教科书的说法,除了当前这一年以外,劳动和权利从来就是唯一的致富手段。事实上,原始积累的方法绝不是田园诗式的东西"。二是强调中国式现代化的独立探索性。中国式现代化是中国人民在中国共产党的领导下不断奋斗得来的,一部中国式现代化的历史就是一部中国人民开拓创新的历史。三是强调中国式现代化的世界历史意义。中国式现代化展现了现代化的另一幅图景,拓展了发展中国家走向现代化的路径选择,为人类对更好社会制度的探索提供了中国方案。

中国式现代化蕴含着独特的文明观。这一文明观包含以下内容:文明是多彩的,人类文明因多样才有交流互鉴的价值,中国式现代化是推动文明交流互鉴的重要动力,文明因为中国式现代化的发展更加瑰丽多姿;文明是平等的,人类文明因平等才有交流互鉴的前提,中国式现代化是推动文明交流互鉴的重要路径,文明因为中国式现代化的生长而更加平等;文明是包容的,人类文明因包容才有交流互鉴的动力,中国式现代化是推动文明交流互鉴的重要基础,文明因为中国式现代化的壮大而更加包容;文明是开放的,人类文明因开放才有交流互鉴的可能,中国式现代化是推动文明交流互鉴的重要保证,文明因为中国式现代化的存在而更加开放。

中国式现代化蕴含着独特的民主观。这一民主观是总结人类现代化进程基础上提出来的,也是在推动社会主义现代化过程中形成的。这一民主观包括:没有民主,就没有社会主义现代化,社会主义现代化是在人民民主制度基础上发展的,离开了民主,就不可能实现现代化;没有全过程人民民主,就没有中国式现代化,中国式现代化是充分实现人民平等参与、平等发展权利基础上发展的;西方的现代化实现的只是资本的民主,只是实现了少数资本家的民主,并没有实现人民的民主权利。

中国式现代化蕴含着独特的生态观。这一生态观包括:人类从进入工业文明时代以来,传统工业迅猛发展,在创造巨大物质财富的同时也加速了对自然资源的攫取,因为资本的野蛮掠夺,打破了地球生态系统原有的循环和平衡,造成了人与自然的关系紧张;从政治经济学的角度看,供给侧结构性改革的根本,是使我国供给能力更好满足广大人民日益增长、不断升级和个性化的物质文化和生态环境需要,从而实现社会主义生产的目的;我们要建设的现代化是人与自然和谐共生的现代化,既要创造更多物质财富和精神财富以满足人民日益增长的美好生活需要,也要提供更多优质生态产品以满足人民日益增长的优美生态环境需要。

（作者系中国社会科学院马克思主义
研究院党委书记、研究员）

中国式现代化具有强大生命力

◇吴忠民

习近平总书记在党的二十大报告中明确地将中国式现代化建设作为中国新时代条件下的时代中心任务。在学习贯彻党的二十大精神研讨班开班式上,习近平总书记又进一步系统、深刻地阐述了中国式现代化理论的内涵及实践意义。可以说,中国式现代化理论既是我们党对改革开放以来特别是党的十八大以来中国现代化建设成功经验的概括总结,也是中国未来现代化建设的理论遵循。

习近平总书记指出,"实践证明,中国式现代化走得通、行得稳,是强国建设、民族复兴的唯一正确道路"。比之许多国家的现代化,中国式现代化具有强大的生命力。究其主要原因,关键在于中国做到了在现代化赖以生长的一些关键问题上的契合。

第一,从现代化方向的维度看,中国实现了中国共产党的初心与现代化建设两者的契合。中国共产党的初心亦即基本价值观及奋斗目标是为民族谋复兴、为人民谋幸福。在半殖民地半封建时期,民族独立是中国实现民族复兴和人民幸福的前提条件。基于这种初心,当时中国共产党的时代中心任务就是领导中国人民反帝反封建,争取民族独立。由此,新中国得以建立。而在民族已经获得独立的条件下,现代化建设便成为民族复兴和人民幸福的基础。换言之,我们党的初心得以实现的唯一途径就是现代化建设,实现初心与现代化建设两者的契合。两者一旦分离,我们党为民族谋复兴、为人民谋幸福的初心就会成为一句空话。改革开放以来,我们党的初心与现代化建设两者开始实现了契合。在改革开放之初,我们党就开始将现代化建设视为时代的中心任务。邓小平同志指出,"我们当前以及今后相当长一个历史时期的主要任务是什么? 一句话,就是搞现代化建设"。从党的十八大至今,我们党的初心与现代化建设两者更是实现了高度的契合。这不仅表现为现代化建设成为我们党的时代中心任务,而且我们党将不同阶段的现代化目标确定为我们党在现代化不同阶段前后接续的行动目标。

第二,从现代化道路的维度看,中国实现了现代化一般规律与中国具体国情两者的契合。现代化有自身的一般规律。马克思恩格斯对于现代化的一般规律及基本特征作出如是归纳:现代大工业生产力、高度的社会分化与整合、全球化、城市化以及发达的科学技术等。正如习近平总书记指出的那样,"一个国家走向现代化",就"要遵循现代化一般规律"。这样看来,现代化一般规律同一个国家的具体国情两者必须实现契合,方能形成现实可行的现代化道路。一个国家要想实现现代化,若不遵循现代化的一般规律,就会由于缺少现代化的时代内容靶向成为自说自话者,而不可能得以推进。同样,如果失去了对于具体国情的适应,现代化便会由于失去生长根基而难以推进。习近平总书记指出,"中国式现代化,是中国共产党领导的社会主义现代化,既有各国现代化的共同特征,更有基于自己国情的中国特色"。

第三,从与时俱进的维度看,中国实现了现代化建设不断推进和现代化认识不断提升两者的契合。现代化建设有由低到高逐渐发展的逻辑，而人们对于现代化建设的认识同样也处于不断深化、提高的趋势当中。对于一些国家的现代化建设来说，两者并不见得是契合、统一的。而两者的分离，均会对现代化建设产生不利的影响。当一个国家的现代化建设推进到一定地步，而对之的认识却没有相应到位的话，那么，势必会延误其进程；相反，这时对于现代化建设的认识如果过度超前，脱离了实际的国情，则会出现用力过度、扭曲变形等情形，同样也会延误现代化建设。与一些国家不尽相同的是，改革开放以来，中国的现代化建设则是实现了现代化建设不断推进和人们对现代化认识不断提升两者的契合。这一契合的重要意义在于，它使得现代化在理论和实践上保持着一种良性互动的情状。一方面，中国现代化建设的不断推进，要求对于现代化认识水准的不断提升；另一方面，中国对于现代化认识的不断提升，则会促进现代化建设水准的不断提升。

第四，从各个国家相互交往的维度看，中国实现了自主发展与对外开放两者的契合。中国式现代化之所以能够成功，就在于中国将自主发展与对外开放两者有机地结合在一起。一方面，中国强调独立自主地进行现代化建设。经历半殖民地半封建历史的中国人民深知一旦失去独立和主权，就意味着失去了现代化正常发展的可能性，因而倍加强调自主发展的重要性。习近平总书记指出，"要坚持独立自主、自立自强，坚持把国家和民族发展放在自己力量的基点上，坚持把我国发展进步的命运牢牢掌握在自己手中"。从改革开放以来中国现代化建设的历史可以看到，中国避免了类似一些国家陷入"依附性发展陷阱"而难以自拔的现象。另一方面，中国又极为强调对外开放，积极加入经济全球化当中。习近平总书记指出，"一体化的世界就在那儿,谁拒绝这个世界,这个世界也会拒绝他"。"要不断扩大高水平对外开放,深度参与全球产业分工和合作,用好国内国际两种资源,拓展中国式现代化的发展空间。"

第五,从社会风险的维度看,中国实现了社会风险的有效应对与现代化的不断推进两者的契合。随着中国经济总量日益增大,社会结构日益复杂化,民众的利益诉求越来越多样化,与各个国家交往程度日益加深,世界大变局情形日益加重,中国必定会面临来自国内外越来越多、越来越复杂的社会风险的挑战。这是一件无法避免的事情。习近平总书记指出,"推进中国式现代化,是一项前无古人的开创性事业,必然会遇到各种可以预料和难以预料的风险挑战、艰难险阻甚至惊涛骇浪"。虽然这种前所未有的挑战会对中国的现代化建设带来众多负面效应,但同时需要看到的是,社会矛盾问题倒逼中国现代化推进,同样也是一个规律。中国对于社会风险有着足够的心理准备和政策储备。习近平总书记指出,"既要有防范风险的先手,也要有应对和化解风险挑战的高招;既要打好防范和抵御风险的有准备之战,也要打好化险为夷、转危为机的战略主动战"。

由上可见,正是由于中国做到了在现代化赖以生长的一些关键问题上的契合,因而使得中国式现代化具有了强大的生命力;而且,这些契合的持续存在和不断升级换代,将会使中国式现代化持续具有强大的生命力。

(作者系中共中央党校专家工作室领衔专家)

中国共产党的初心使命与
中国式现代化的战略擘画

◇刘红凛

在学习贯彻党的二十大精神研讨班开班式上,习近平总书记明确强调:"中国式现代化是我们党领导全国各族人民在长期探索和实践中历经千辛万苦、付出巨大代价取得的重大成果。"要正确理解和大力推进中国式现代化,必须坚持正确党史观与战略思维,立足于党的初心使命来深刻把握党百年发展的主题与主线,从新中国成立以来对社会主义现代化建设的战略擘画、长期探索中来深刻把握中国式现代化的持续接力与时代要求。

以中国式现代化实现民族复兴的伟大愿景深深植根于党的初心使命。自近代中国成为半殖民地半封建社会以来,无数仁人志士为了救亡图存奔走呐喊、苦苦求索,各种主义、各种力量、各种阶级纷纷登场,但各种救国方案都以失败而告终。中国共产党作为马克思列宁主义同中国工人运动相结合的先进无产阶级政党,在近代中国救亡图存的历史大潮中应运而生。中国共产党一经诞生,就肩负起救亡图存的历史大任,致力于实现民族独立、人民解放、国家统一、社会稳定、人民幸福与民族复兴。习近平总书记在庆祝中国共产党成立

100周年大会上的讲话中明确指出："一百年来，中国共产党团结带领中国人民进行的一切奋斗、一切牺牲、一切创造，归结起来就是一个主题：实现中华民族伟大复兴。"

中国式现代化是执政兴国、擘画持续进行社会主义现代化建设的必然结果。1949年10月1日中华人民共和国的成立，是中国共产党领导中国人民经过28年浴血奋斗的伟大胜利成果，历史性地实现了民族独立、人民解放，实现了中国从几千年封建专制政治向人民民主的伟大飞跃，为执政兴国、进行社会主义现代化建设创造了根本社会条件。在新中国成立前夕，党的七届二中全会就明确把"稳步推进农业国向工业国转变"作为执政后的一个根本任务。从新中国成立之日起，党就致力于进行社会主义革命与社会主义现代化建设，并在实践中不断丰富完善现代化建设的内涵外延、目标要求与发展战略。1964年底，第三届全国人民代表大会明确提出"四个现代化"建设宏伟目标，要求在一个不太长的历史时期内，把我国建设成为一个具有现代农业、现代工业、现代国防和现代科学技术的社会主义强国，同时初步提出我国现代化建设"两步走"设想。党在探索社会主义建设的过程中，在"一穷二白"基础上建立起独立的比较完整的工业体系和国民经济体系，"社会主义革命和建设取得了独创性理论成果和巨大成就，为现代化建设奠定根本政治前提和宝贵经验、理论准备、物质基础"。

党的十一届三中全会开启了改革开放、进行社会主义现代化建设的新时期。1979年3月，邓小平同志在讲话中明确提出"中国式的现代化"概念；同年12月在会见日本首相大平正芳时，明确将"中国式的现代化"称为"小康之家""小康状态"。1982年，党的十二大明确提出"二十年翻两番"的发展目标。1987年，党的十三大报告明确阐释并正式确立了社会主义初级阶段的基本路线与我国经济建设"三步走"战略,即 20 世纪走两步,达到温饱和小康;21 世纪用三十到五十年时间再走一步,达到中等发达国家水平。随着我国经济社会的快速发展,20 世纪 80 年代末,第一步战略目标"解决人民的温饱问题"已基本实现。1995 年,第二步战略目标"国民生产总值比 1980 年翻两番"提前五年实现。党的十六大作出"全面建设小康社会"战略决策,并在党的十八大上作出"全面建成小康社会"战略决策。总之,在改革开放和社会主义现代化建设新时期,我国"实现了从生产力相对落后的状况到经济总量跃居世界第二的历史性突破,实现了人民生活从温饱不足到总体小康、奔向全面小康的历史性跨越,为中国式现代化提供了充满新的活力的体制保证和快速发展的物质条件"。

中国式现代化理论的概括提出是继往开来、进行理论创新的最新重大成果。党的十八大以来,中国特色社会主义进入新时代。以习近平同志为核心的党中央提出实现中华民族伟大复兴的中国梦,对新时代党和国家事业发展作出科学完整的战略部署,明确中国特色社会主义事业"五位一体"总体布局,提出并统筹推进"四个全面"战略布局,统揽伟大斗争、伟大工程、伟大事业、伟大梦想,稳步推进社会主义现代化建设。党的十九大确立的"两个阶段"发展战略,不仅将党的十三大原定的"到下个世纪中叶基本实现现代化"的战略目标提前 15 年,而且将"经济发展战略"上升到"社会主义现代化国家发展战略"高度来部署。2022 年,党的二十大报告以"高举中国特色社会主义伟大旗帜 为全面建设社会主义现代化国家而团结奋斗"为主题,明确提出以中国式现代化全面推进中华民族伟大复兴的中心任务与宏伟目标。在深刻总结社会主义现代化建设的经验教训的基础上,党的二十大报告概括提出并深入阐述中国式现代化理论。中国式现代化理论的提出,既为以中国式现代化全面推进中华民族伟大复兴提供了思想指导、宏伟蓝图与战略目标,又打破了"现代化＝西方化"的迷思,展现了人类社会现代化的另一幅图景,拓展了发展中国家走向现代化的路径选择,为人类对更好社会制度的探索提供了中国方案。中国式现代化理论作为党的二十大的一个重大理论创新,既是科学社会主义的最新重大成果,又是对世界现代化理论和实践的重大创新。

一个国家要实现现代化建设目标,既要求接续接力与长期努力,更需要制定与实施具体的阶段性目标。纵观社会主义现代化建设的基本历程,科学制定现代化建设战略目标与战略步骤是党的领导的显著政治优势。从新中国成立至今,中国共产党都十分注重擘画中国式现代化的当下与未来;我国社会主义现代化建设的战略目标、总体布局、战略步骤等,都是在党的领导下制定、完善、推进与贯彻实施的。在新时代,全面建成社会主义现代化强国、全面推进中华民族伟大复兴,关键在党。这其中的关键,就是坚持与加强党的全面领导,根据全面建成社会主义现代化强国的发展要求来统筹推进全面从严治党、全面深化改革、全面依法治国拾级而上,以党的自我革命引领伟大的社会革命。

(作者系复旦大学特聘教授、党建研究院院长)

发展全过程人民民主是中国式现代化的本质要求

◇周少来

"中国式现代化蕴含的独特世界观、价值观、历史观、文明观、民主观、生态观等及其伟大实践,是对世界现代化理论和实践的重大创新。"全过程人民民主是习近平新时代中国特色社会主义思想的重大理念创新,是对人类民主政治发展规律的最新认识,是对社会主义民主发展历程的经验总结,是指导当代中国社会主义民主政治全面进步的行动指南,是中国式现代化全面实现的政治保证和民主基础。在中华民族伟大复兴的历史性征程中,全过程人民民主内在于中国式现代化发展的现实进程,贯穿于中国式现代化全面进步的伟大实践。

中国式现代化的应有之义

经过中国共产党人和中国人民的不懈努力和持续探索,中国人民终于找到了跳出"其兴也勃焉,其亡也忽焉"兴衰治乱历史周期率的新路：那就是民主之路。只有让人民来监督政府，政府才不敢松懈。只有人人起来负责，才不会人亡政息。社会主义的民主之路，是一条随着中国式现代化事业不断发展和完善的民主之路，是一条不断保证人民当家作主的民主之路。这条民主之路的最新实践总结和理论概括，就是全过程人民民主的重大理念创新。人民民主是社会主义的生命，是全面建设社会主义现代化国家的应有之义。

全过程人民民主是社会主义民主政治的本质属性，是最广泛、最真实、最管用的民主。中国共产党自成立之初，就始终高举人民民主的伟大旗帜，始终坚持国家富强、民族复兴和人民幸福的初心使命，为中国人民的自由、民主进行了坚持不懈的努力和奋斗。新民主主义革命的胜利，推翻了帝国主义、封建主义和官僚资本主义三座大山的统治，为人民当家作主扫清了一切制度障碍；社会主义的伟大建设，为人民当家作主奠定了雄厚的物质基础和制度保障；改革开放的伟大实践，为人民当家作主开拓出广阔的发展空间；新时代中国特色社会主义的全面进步，为全过程人民民主重大理念的提出创造出历史性机遇和坚实的实践基础，也为未来中国式民主的不断发展指明了崭新的前进方向。

中国式现代化的内在组成

中国式现代化是全面而自由发展的现代化，是经济建设、政治建设、文化建设、社会建设和生态文明建设五位一体的现代化。其中政治建设的根本任务，就是要不断发展社会主义民主政治，不断建设高质量的中国式民主，不断保障人民当家作主各项民主权利落实到位。

中国式现代化的新的历史时期,就是要在坚持党的领导、人民当家作主和依法治国有机统一的根本原则下,继续推进全过程人民民主建设,把人民当家作主具体地、现实地体现到党治国理政的政策措施上来,具体地、现实地体现到党和国家机关各个方面各个层级工作上来,具体地、现实地体现到实现人民对美好生活向往的工作上来。因此,推进全过程人民民主,保证人民当家作主,是进一步推进中国式现代化各项事业的内在组成部分,也是保证中国式现代化各项事业能够得到人民参与、人民支持和人民满意的政治基础。

中国式现代化全面推进的强大动力

人民是历史的创造者,是真正的历史主体,是千秋伟业的力量之源。中国共产党来自于人民,党的根基和血脉在人民。只有坚定地尊重人民历史主体地位,汇聚人民智慧、集中人民意志、激发人民力量,畅通各项人民利益和意见的表达渠道和机制,充分调动人民群众参与中国式现代化的积极性和创造性,中国式现代化各项事业才能获得源源不断的动力之源。中国式现代化之所以能够取得举世瞩目的历史性成就,就是因为中国共产党带领中国人民,始终坚持一切依靠人民、一切为了人民、一切发展成果由人民共享。

在坚持深化制度和体制改革的基础上,不断完善民主制度,丰富民主形式,开拓民主渠道,加强人民当家作主的制度保障,健全人民当家作主的制度体系,特别是在人民代表大会制度的主渠道民主功能建设,协商民主的广泛、多层、制度化发展,基层直接民主自治的制度体系和工作体系建设等方面,不断创新民主机制和民主形式,保障广大人民民主参与多渠道、多层次的畅通和连贯。同时,在众多的、各个层次的公共事务和公共决策中,坚持在民主选举、民主协商、民主决策、民主管理、民主监督各个环节和领域,推进全链条、全方位、全覆盖民主落实举措,不断拓展全社会各层次人民民主的广度和深度,推动民主政治生活和民主社会生活的民主生活方式不断形成。正是因为不断地坚持全过程人民民主,坚定地保证人民管理国家、管理社会和管理基层生活的各项民主权利,广大人民参与中国式现代化的积极性、主动性和创造性得到空前的激发,当家作主的主人翁精神得到极大的发扬,源源不断地给中国式现代化发展输送强大动力活力,推动中国式现代化迎来一个又一个建设高潮和持续提升进步。

中国式现代化的政治基础和政治保障

全过程人民民主是中国式民主的全新概括,是中国式民主的全新道路,是中国政治文明的新形态,通过把全过程人民民主贯彻到党治国理政的战略布局中,落实于国家发展和社会事业的各个领域和各项工作中,为中国式现代化的不断进步提供坚实的政治基础和政治保障。同时,在中国式现代化事业的各项路线方针政策的制定和执行中,充分保证广大人民的知情权、参与权、表达权、监督权,充分落实到国家政治生活和社会生活的各方面各环节全过程。通过全过程人民民主的全链条、全方位、全覆盖的落实实施,确保党和国家在决策、执行、监督、落实各个环节都能听到来自人民的声音,充分实现人民的意志和利益,充分调动人民群众参与现代化建设的创造活力,为中国式现代化提供强大主体力量,持续推进中国式现代化事业全面进步。

全过程人民民主为当代中国的社会主义民主发展、为中国人民的当家作主并积极参与中国式现代化建设,开拓了广阔道路和光明前景。在中国共产党的坚强统一领导下,在全面建设社会主义现代化国家、全面深化改革、全面依法治国、全面从严治党的战略总方针指引下,不断推进全过程人民民主的充分实现,所能激发的中国人民的无限能动性和创造性,一定能够推动中国式现代化的全面提升和全面进步。在全过程人民民主的政治文明与中国式现代化的人类文明的双翼齐飞中,在中国式民主与中国式现代化的协同共进中,全面推动中国式现代化事业不断前进,全面推进中华民族伟大复兴,将为人类文明的发展进步、为人类命运共同体的构建,贡献更多的中国智慧。

(作者系中国社会科学院大学政府管理学院副院长、
中国社会科学院政治学研究所首席研究员)

中国式现代化是全体人民共同富裕的现代化

◇张　翼

中国式现代化既有各国现代化的共同特征,更有基于自己国情的鲜明特色。中国式现代化的一个本质特征,就是全体人民共同富裕的现代化。在中国这样一个拥有 14 亿多人口的大国搞社会主义现代化建设,就要须臾贯彻以人民为中心的发展思想,让全体人民共同富裕取得实质性进展,并以此不断创造人类文明新形态。

分阶段长期推进全体人民共同富裕

党的二十大报告全面部署了全面建设社会主义现代化国家的"两步走"战略,对今后五年"关键时期"和 2035 年基本实现现代化的发展目标设计了时间表和路线图,明确指出共同富裕是中国特色社会主义的本质要求,也是一个长期的历史过程。

在这一长期的历史过程中,关键时期的主要任务,是通过经济社会发展继续提高居民收入以增进富裕程度,通过基本公共服务的均等化缩小消费差距,通过多层次社会保障体系的健全完善代际之间的收入分配制度,通过城乡居民人居环境的改善不断提升人民的生活水平。到2035年基本实现现代化时,要在经济实力、科技实力、综合国力大幅跃升的同时,使人均国内生产总值和居民人均可支配收入再上新台阶,从而达到中等发达国家水平,藉此让人民生活更加幸福美好,使中等收入群体比重明显提高,实现基本公共服务的均等化,实现人的全面发展,从而使全体人民共同富裕取得更为明显的实质性进展。到本世纪中叶建成综合国力和国际影响力领先的社会主义现代化强国,基本实现全体人民的共同富裕,到那时,我国人民将享有更加幸福安康的生活,中华民族将以更加昂扬的姿态屹立于世界民族之林。

因此,在以中国式现代化全面推进全体人民共同富裕的战略架构中,当前我们正处于"关键时期"的历史方位。在全国层面,既不能把未来的战略目标"当前化",也不能将当前的战略目标"未来化"。在现代化建设中,全体人民共同富裕这件大事,既是一个"等不得"的问题,也是一个"急不得"的问题,而要分阶段长期推进,在不同阶段采取不同的推进策略,体现出不同阶段、不同国力、不同国际国内经济社会环境下的政策配置特征;既发挥战略目标的引领作用,又防止机械固化与急躁冒进思想,在统筹兼顾、系统谋划中做到整体推进,同时正确处理好顶层设计与实践探索、战略与策略、守正与创新、效率与公平、活力与秩序、自立自强与对外开放等一系列重大关系,以习近平新时代中国特色社会主义思想的世界观和方法论为指导,通过十几年的艰苦奋斗,力争使全体人民共同富裕不断取得实质性进展。

这就要求我们站在新的历史起点,面对时代赋予的重大课题,继续与时俱进、砥砺前行,继续系统提升国家治理体系和治理能力现代化水平,努力发展全过程人民民主,维护社会公平正义,推动人的全面发展,在教育、就业、养老、社会治理、社区发展、社会保障等领域攻坚克难,着力解决发展不平衡不充分问题和人民群众急难愁盼问题,构建促进共同富裕的新发展格局,不断满足人民日益增长的美好生活需要。

通过共同奋斗推进全体人民共同富裕

中国是世界上最大的发展中国家。在发展中国家要推进"全体人民共同富裕",就必须同心同德、团结奋斗,共建美好家园。只有凝聚起整个中华民族的宏伟力量,只有真正坚持以人民为中心的发展思想,只有尊重全体人民的首创精神,只有铸牢中华民族共同体意识,我们才能形成气势磅礴、排山倒海的奋斗合力,才能将中国这样一个拥有 14 亿多人口的大国真正建设成为具有共同富裕本质特征的社会主义现代化强国。经过新时代以来艰苦卓绝的努力,我们将人均国内生产总值从 2012 年的 3.8 万元(相当于 6100 美元)提高到 2022 年的 8.56 万元(相当于 1.26 万美元)。根据人均 GDP 以 2.5 万—3.5 万美元为中等发达国家的下限和上限区间,则我们还需要在科学分析发达国家和中等发达国家经济增长趋势的过程中,通过高质量发展但又保障一定的增速,才能在 2035 年实现党的二十大所设计的奋斗目标。因此,对于前进道路上的每一个人来说,都需要以"共同奋斗"去实现"共同富裕"的目标。在共同奋斗中首先要做大"蛋糕"。对共同富裕的理解,是"富裕"基础上的"共同",而非整齐划一的"平均主义"，当然也不是"少数人的富裕"。同理，共同富裕也不是同时富裕与同等富裕，而是收入增长过程中全体人民收入差距不断缩小的共同富裕。在这一长期的、历史的过程中，我们还要继续防止不切实际的福利主义与平均主义思想，通过制度设计消除内卷风险，力戒躺平主义与"摆烂"行为，力戒小富即安思想。幸福生活是奋斗出来的，没有共同奋斗的艰苦实践，就没有共同富裕的经济社会基础。

在现代化建设的"关键时期"，我们一方面要开放搞活，激发人民生产的积极性，畅通社会流动渠道，继续鼓励一部分人先富起来，形成先富帮后富的社会基础，防范"等富"和"均富"的"等靠要"思想；另一方面也要消除两极分化，补足短板，提升全体人民的收入水平与消费水平，保障全体人民共享改革开放发展成果。

在分配过程中，需要坚定不移地坚持社会主义基本经济制度。在一次分配中发挥市场的要素分配作用，弘扬多劳多得、少劳少得思想，鼓励勤劳致富。在二次分配中，要逐步加大政府干预力度，通过地区项目配置，东中西协作，财政、税收、转移支付、社会保障等手段，实现基本公共服务均等化，逐步缩小地区差距、城乡差距和收入差距。在三次分配中，要发挥好社会调节作用，构建先富带动后富的运行机制，鼓励公益、慈善、捐赠行为，扩大非营利组织的社会服务供给渠道，弘扬志愿服务精神，优化共同富裕社会新形态建设的环境。总之，要坚持在发展过程中既尽力而为又量力而行。

通过共同奋斗实现全体人民的共同富裕，就要通过社会团结和社会整合营造现代化建设的良好氛围。改革开放以来，我们之所以能够消除农村绝对贫困，全面建成小康社会，创造经济快速发展、社会长期稳定的人间奇迹，就是因为我们坚持了解放思想、实事求是、与时俱进、求真务实,一切从实际出发的思想路线,着眼解决改革开放和社会主义现代化建设的实际问题,不断回答中国之问、世界之问、人民之问、时代之问,不断作出符合中国实际和时代要求的科学决策,得出了符合客观规律的科学认识,形成了与时俱进的理论成果,更好指导中国的具体实践。可以说,没有全体人民的团结、没有社会大局的稳定,就没有过去40多年改革开放的丰功伟绩。

通过科技创新推进全体人民共同富裕

当今世界日新月异,竞争日益激烈。国家的发展和经济社会的繁荣,越来越取决于生产力的发展水平,取决于科学技术所决定的劳动生产率的进步速度。所以,我们未来的社会主义现代化建设,主要是通过科技创新驱动所进行的现代化建设。同样,在人口老龄化背景下,我们要推进全体人民共同富裕,就只能借助互联网、大数据和人工智能的发展,借助机器人的使用而提升劳动参与人口的生产效率,从而实现全体人民共同富裕取得实质性进展的宏伟夙愿。党的二十大报告明确指出,教育、科技、人才是全面建设社会主义现代化国家的基础性、战略性支撑。必须坚持科技是第一生产力、人才是第一资源、创新是第一动力,深入实施科教兴国战略、人才强国战略、创新驱动发展战略,开辟发展新领域新赛道,不断塑造发展新动能新优势。

加快科技创新速度,需要坚持教育优先发展的战略方针,改革与创新教育新模式,大力提升整个民族的人力资本,攻克一系列"卡脖子"技术,解放生产力、发展生产力、推动和引领第四次工业革命,以颠覆性创新加快形成新产能、新业态、新就业岗位，推动产业转型。惟有如此，我们才能通过产业转型拉动就业结构转型，以生产效率的提升改善整个社会的收入状况，以高质量发展提升人民的生活水平，形成促进共同富裕社会建设的良好发展态势，在"五位一体"总体布局和"四个全面"战略布局的统领下，协同推进全体人民共同富裕、国家伟大强盛、社会文明和谐、环境绿色美丽。

总之，以中国式现代化推进的共同富裕，是体现中国特色社会主义本质要求的"全体人民的共同富裕"。经由这一过程所造就的社会形态是全新的，既不同于中国历史曾经存在的各种社会形态，也不同于当前其他国家实践的各种社会形态，而是在理论创新和实践探索中不断彰显时代价值的人类文明新形态。正如小康社会体现着经由全面建设而达到全面建成的过程性历史那样，全体人民共同富裕的社会建设也会体现出从"全面建设"到"全面建成"的过程性历史特征。在这一注定会彪炳史册的伟大工程中，科技创新承担着更为重要的作用。

（作者系中国社会科学院社会发展战略研究院研究员）

高质量发展：
推进中国式现代化的内在要求

◇郭克莎

党的二十大报告不仅深刻揭示了中国式现代化的科学内涵，还明确将高质量发展作为全面建设社会主义现代化国家的首要任务。从中国式现代化的五个重要特征看，每个特征都包含着对高质量发展的内在要求。

第一，高质量发展是推进"人口规模巨大的现代化"的必要条件。人口规模是衡量国家（或地区）大小的主要标志，也是研究各国发展模式或现代化道路的主要依据。不同于小国经济体，大国经济体需要建立自己的工业基础和完整的产业结构，推进工业化、城市化发展和现代化经济体系建设。我国14亿多人口整体迈进现代化社会，规模超过现有发达国家人口的总和，艰巨性和复杂性前所未有，发展途径和推进方式也必然具有自己的特点。在我国经济发展进入上中等收入阶段和全面建设社会主义现代化国家的条件下，我们必须充分考虑人口规模巨大的基本国情，以及与此相关的城乡、区域发展不平衡的影响因素，把高质量发展作为推进现代化建设的必要条件和主要路径，更加注重以高质量发展带动经济持续增长，推动经济实现质的有效提升和量的合理增长。

第二,高质量发展是推进"全体人民共同富裕的现代化"的根本动力。习近平总书记指出,共同富裕是社会主义的本质要求,是中国式现代化的重要特征,要坚持以人民为中心的发展思想,在高质量发展中促进共同富裕。发展是解决我国一切问题的关键和基础,实现共同富裕需要以经济发展为基础,但粗放式发展不能有效实现共同富裕,只有高质量发展才是促进共同富裕的根本动力。高质量发展有利于降低经济增长的投入代价,拓展共同富裕的发展空间;高质量发展有利于改变城乡、区域发展不平衡的局面,为促进共同富裕打通关键环节;高质量发展更是以共享为根本目的的发展,包含共同富裕和高质量发展的共同性质特征。

第三,高质量发展是推进"物质文明和精神文明相协调的现代化"的重要基础。物质富足、精神富有是社会主义现代化的根本要求。高质量发展作为一个完整、系统的概念,与全面建设社会主义现代化国家一脉相承。作为一项内容丰富的理论创新成果,高质量发展既包括经济高质量发展,也包括科技、教育、社会、文化等领域的高质量发展,因此是物质文明和精神文明相结合、相协调的高质量发展。只要坚持系统观念的高质量发展,在推动经济高质量发展的过程中促进其他领域高质量发展,我们就能够不断厚植中国式现代化的物质基础,不断夯实人民美好生活的物质条件,同时大力发展社会主义先进文化,传承中华文明,促进物的全面丰富和人的全面发展。

第四,高质量发展是推进"人与自然和谐共生的现代化"的应有之义。大自然是人类赖以生存和发展的基本条件。尊重自然、顺应自然、保护自然,是全面建设社会主义现代化国家的内在要求。同样,推动经济社会发展绿色化、低碳化是实现高质量发展的关键环节。高质量发展和中国式现代化均反映了人与自然和谐共生的新发展理念，前者对后者的促进作用主要有三个方面。一是高质量发展通过推动技术进步和提高生产率，降低发展过程中的能源资源投入比例及污染排放程度，减少对大自然的消耗和影响；二是高质量发展通过加快产业结构、能源结构、交通运输结构等调整优化，促进经济社会发展方式绿色转型，增强对大自然的尊重和保护；三是高质量发展通过推动形成绿色低碳的生产方式和生活方式，加快生态文明及环境友好型社会建设，不断拓展人与自然和谐共生的新境界。

第五，高质量发展是推进"走和平发展道路的现代化"的客观要求。我国不走一些国家通过战争、殖民、掠夺等方式实现现代化的老路，而是在坚定维护世界和平与发展中谋求自身发展，又以自身发展更好维护世界和平与发展。这就决定了走高质量发展道路的必然性和重要性。比如，对于我国人均拥有量较低、相对短缺的能源资源，不能过于依赖境外的供给来源，必须依靠自身的高质量发展，推动能源资源节约集约利用和循环利用；对于高能耗、高污染的产业部门，注重避免环境污染的对外转移，必须依靠自身的高质量发展，通过提高投入产出率、发展清洁能源和清洁生产、推进节能减排等方式进行调整优化。

（作者系华侨大学特聘教授）

多样性发展中的现代化

◇陈　恒

习近平总书记指出,"人类文明多样性是世界的基本特征,也是人类进步的源泉"。社会发展的多样性是正确理解世界的必要前提。为实现中华民族伟大复兴,我们提出了中国式现代化理论。中国式现代化借鉴吸收一切人类文明的优秀成果,代表人类文明进步的发展方向;中国式现代化体现了不同于西式现代化发展的模式,是一种全新的人类文明形态,必将丰富文明社会的历史经验。

多样的社会发展是人类永恒的主题

在15、16世纪之前的前资本主义时代,游牧社会与农耕社会之间有和平交往,也有暴力冲突,这是人类社会早期发展与冲突的模式。到了15世纪,人类世界开始从分散逐步走向一体。马克思指出:"商品流通是资本的起点。商品生产和发达的商品流通,即贸易,是资本产生的历史前提。世界贸易和世界市场在16世纪揭开了资本的现代生活史。"世界贸易开启了近代欧洲对外扩张的五百年,是资本主义从边缘走向中心的五百年。

在这五百年间,西方国家迅速将世界其他地区和文明甩在身后,通过一系列"革命",尤其是工业革命的巨大影响,建立起先发优势。西方世界在政治、经济、思想文化、科技上取得一系列的成就,创造了一个新型社会,并在 19 世纪末主宰了世界。这五百年的确见证了生产力的大发展和生产关系的大变革,也使得欧洲人相信他们的发展模式是"唯一正确"的模式。

世界有永恒不变的中心吗?所谓的"中心与边缘"是如何形成与嬗变的?西欧是如何在五百年间从边缘转变为中心的?过去是创造现在所必需的,正如现在是创造未来所依托的一样,人类文明发展的每一个阶段都是在前人基础上不断向前的,进一步发展就要吸取这些经验与教训。当代中国完全有能力,在总结自身经验的基础上创造新型现代化理论,构建人类文明新形态。

西式现代化不是现代化的唯一模式

为什么是西方创造了现代世界?现代世界是合法的吗?人类的发展永远是这种模式?在对这些问题的回答中,西方现代化理论严重扭曲了西方发展的历史实际。毋庸讳言,西方世界确实给人类带来了很多福祉,但也少不了血与火的罪恶——强占"无主"土地、屠杀原住民、掠夺资源、建立不平等的殖民社会、同化异域文化等。现代化进程也是殖民主义和帝国主义进程。在当代资本主义体系中,发展和不发展都是一个单一的历史过程的一部分,强大的核心国家的少数人通过剥削外围、半外围和核心国家内部外围的绝大多数人而获益,这是殖民主义的现实和历史遗产。帝国主义争霸更是酿成了19世纪后期一系列战争和冲突,以及在全世界范围内造成重大伤亡的两次世界大战。由此产生的问题到今天还没有完全解决,甚至以更加极化的方式爆发。

西方现代化理论也无视人类社会发展的多样性,方枘圆凿般用一个单一的发展路径嵌套在全世界不同文明之上,将现代化等同于效仿西方国家的政治经济等基本制度,接纳西方社会的世界观、价值观。但20世纪的历史告诉我们,不止一个后发现代化国家照搬照抄西方现代化理论模式和实践路径而产生了不良后果。西方现代化的确促进了工业增长、增加了社会福利,但也导致部分社会群体、部分区域发展不足和依赖性增强,发展的成果在少数超级成功者和大部分普通人之间的分配越来越不平等。而且即便从西方国家内部来看,在历史传统、资源禀赋以及国际局势等多重因素影响下,各国的现代化路径也是同中有异,从来就不存在单一的现代化模式。

西方现代化理论还隐藏了西方国家的政治关切,越来越成为一种旨在维护自身权力和国际体系不平等的意识形态表述。这一理论出现在冷战时期,把西方的资本主义道路视作普遍,也就否定了非资本主义社会的存在价值,否定了世界会出现社会发展新形式的可能。西方现代化理论在对西方历史的描绘中构建了落后与先进、野蛮与文明的二元世界图景,走西方道路成了非西方世界摆脱落后与野蛮的不二法门;在对未来世界的展望中,西方政治、文化、经济、思想等将为非西方世界的未来发展带来巨大的经济效益:经济都是市场资本主义的;文化将是世俗主义和民族主义的;整个世界的政治都是政党、议会、选举;西方的自由民主模式被视为非西方社会追求的最合理、最适当的政治发展形式;等等。这种构建与展望,实际上服务于西方的全球霸权。

所以,西方现代化就是从理论和实践上将人类社会发展简化为一个单一途径,确立当代发达国家历史进程和现实霸权的合法性,认为"西方就是最好的"。那些完全认可西方现代化的观念,本质上就是认同世界的命运是在政治、经济和文化上跟随西方,否则别无出路。

站在人类命运共同体的高度,我们必须打破僵化、有限、单一的发展观念,在具体历史背景下审视不同时期、不同地区如何发展以及发展的有效性,回答现代世界如何走到今天的命题。只有通过深入研究世界历史、世界知识的深层来源,才会明白世界的意义,才能丰富与完善我们当前发展所需的新方法、新路径。

探索人类文明新形态是时代必然要求

党的二十大报告明确提出了中国式现代化的基本特征,其中一项特征是指出了中国式现代化是走和平发展道路的现代化。从世界现代化的全部历史观察,笔者对中国式现代化的这项特征有如下体会。

中国式现代化是多元一体、开放包容的现代化。中华文明不断焕发新生命力的原因在于其多元一体、开放包容的底色,平等、互鉴、对话、包容、理解、尊重是我们对待其他文明的基本态度。中国式现代化代表人类文明进步的发展方向,倡导文明交流、文明互鉴、文明共存,弘扬各自文明所蕴含的人类共同价值,共享知识,分享智慧,塑造世界。

中国式现代化是追求更具优雅性、道德性文化的现代化。在全球化时代，人与物、思想与文化都前所未有地超越了时空界限，如果没有高尚审美的启发，文明将无法生存。因此建立产业链和技术链，以及能为世人广泛接受的知识链、价值链、道德链已成为中国式现代化的当务之急。中国的学术研究是中国文化的一部分，是中国式现代化的组成部分，理应为中国文化发展服务，理应促进中国文化更加具备优雅性、道德性。

中国式现代化是总览全球、为世界共享的现代化。一方面，21世纪初，共享、知识和经济这三个概念已越来越多地结合在一起，这是通过数字媒介与他人分享、获取或交换商品、服务、知识和经验的新兴手段，也是中国式现代化的重要路径；另一方面，西方现代化理论有其局限性，并且在实践中产生了一系列问题，中国式现代化为发展中国家摆脱贫困落后提供了新的选择，是通过自己实现现代化同时帮助他国发展，也是服务全人类的中国方案。

中国式现代化是实现人类命运共同体的一种尝试。人类命运共同体旨在追求本国利益时兼顾他国合理关切，在谋求本国发展中促进各国共同发展。人类只有一个地球，各国共处一个世界，资源的稀缺与有限、环境的恶化、人工智能的挑战等，都需要我们携手共同应对，寻求为子孙后代保留地球公共资源甚至是保存人类的路径。

认识世界，才能更好地认识文明，更好地寻求不同民族、不同国家的现代化道路。中国式现代化正是在总结中华民族历史经验基础上做出的新探索，旨在打破那种认为西式现代化是灵丹妙药、是人类社会发展必然之路的"迷思"，改变了当代人类文明发展以西方文明为主导的世界格局，呈现出文明形态的多样化发展新态势。

（作者系上海师范大学世界史系教授）

中国式现代化的新意蕴

◇赵义良

党的十八大以来,以习近平同志为核心的党中央聚焦中华民族伟大复兴的千秋伟业,紧紧围绕建设社会主义现代化国家的宏伟蓝图,创造性地提出并深刻阐述了中国式现代化理论,在实践中成功推进和拓展了中国式现代化新道路,对马克思主义理论作出了重大原创性理论贡献,谱写了社会主义现代化理论全新篇章。习近平总书记在中共中央党校学习贯彻党的二十大精神研讨班开班式上发表的重要讲话中指出:"中国式现代化蕴含的独特世界观、价值观、历史观、文明观、民主观、生态观等及其伟大实践,是对世界现代化理论和实践的重大创新。"这一重要论述深刻说明,中国式现代化不仅提升了世界现代化理论和实践的新境界,而且赋予了马克思主义理论全新的时代内涵。

中国式现代化蕴含着"胸怀天下谋大同"的世界观。坚持胸怀天下,既是中国共产党创造奇迹的重要密码,更是中国式现代化蕴含的重要世界观。中国式现代化聚焦人类面临的共同难题,把为人类和平与发展贡献力量作为核心价值追求,倡导"和平、发展、公平、正义、民主、自由的全人类共同价值,维护世界和平、促进世界发展,持续推动构建人类命运共同体"，同世界人民一道开创人类更加美好的未来。中国式现代化超越了西方现代化背后"弱肉强食、赢者通吃"的"旧世界观"，打破了"现代化＝西方化"的迷思，展现了现代化的另一幅图景，拓展了发展中国家走向现代化的路径选择，为解答人类面临的世界性问题提供了中国智慧，为人类对更好社会制度的探索提供了中国方案，给世界和平与发展带来全新的机遇和发展动力。

中国式现代化蕴含着"人民至上谋发展"的价值观。"人民性是马克思主义的本质属性"，坚持人民至上、以人民为中心谋发展，是我们党的力量源泉、性质宗旨和初心使命，也是中国式现代化内蕴的独特价值观。与西方现代化坚持"资本至上"不同，中国式现代化是人口规模巨大的现代化、是全体人民共同富裕的现代化、是物质文明和精神文明相协调的现代化、是人与自然和谐共生的现代化、是走和平发展道路的现代化。中国式现代化就是要丰富人民物质生活和精神世界，以不断满足人民群众对美好生活的需要，最终实现"人的现代化"为价值追求。中国式现代化始终把人民立场作为根本政治立场，把人民利益摆在至高无上的地位，既体现马克思主义的鲜明立场，也体现了习近平新时代中国特色社会主义思想的价值底色，更在实践中赋予了"人民是历史的创造者"的时代内涵。

中国式现代化蕴含着"自信自立创伟业"的历史观。中国式现代化是中国共产党以自信自立的历史自觉和历史主动精神独立自主探索开辟出来的。习近平总书记指出："中国人民和中华民族从近代以后的深重苦难走向伟大复兴的光明前景，从来就没有教科书，更没有现成答案。"在人类历史上，没有任何一个国家可以单靠外部力量、模仿他者、照抄照搬别国模式就能实现现代化的。中国共产党领导中国人民在探索、推进和实现现代化的过程中，不仅扭转了"被动挨打"的局面,而且实现了"精神主动"再到"独立自主""自信自立"的奋斗奇迹,这一过程充分说明,只有坚持独立自主,发扬历史主动精神,才能把中国式现代化的前途命运牢牢掌握在自己手中,才能在历史前进的大逻辑中创造新的历史伟业。

中国式现代化蕴含着"百花齐放春满园"的文明观。中国式现代化深刻蕴含着平等、互鉴、对话、包容的文明观,科学把握了人类文明进步的客观规律,为推动不同文明交流互鉴、开创人类文明新形态提供了新的选择。习近平总书记指出:"我们坚定站在历史正确的一边、站在人类文明进步的一边,高举和平、发展、合作、共赢旗帜,在坚定维护世界和平与发展中谋求自身发展,又以自身发展更好维护世界和平与发展。"这充分说明,中国式现代化突破了"以资为本"的工业文明老路,以海纳百川的宽阔胸襟吸收借鉴人类文明积极成果,以天下为公行大道的文明气魄,不断为中国人民和世界人民谋福利、造福祉,这种现代化打破了"现代化就是西方化"的教条,在中国特色社会主义的文明底本和共产主义的文明蓝图中,创造了超越资本主义工业文明的中国文明发展新样态。

中国式现代化蕴含着"全过程人民民主"的民主观。正如世界上没有两片完全相同的树叶一样,世界上也从来没有完全一样的民主模式。在当代中国,"人民民主是社会主义的生命,是全面建设社会主义现代化国家的应有之义"。习近平总书记指出:"全过程人民民主是社会主义民主政治的本质属性,是最广泛、最真实、最管用的民主。"与西方所声称的"一人一票""多党竞选"那样的民主形式完全不同,当代中国在推进现代化的历史进程中,始终坚持全过程人民民主,坚持"全面发展协商民主",坚持"积极发展基层民主"。坚持党的领导、人民当家作主、依法治国有机统一,坚持人民主体地位,充分体现人民意志、保障人民权益、激发人民创造活力。"全过程人民民主"在中国的创新实践超越了西方民主的陷阱，为世界政治文明贡献了中国智慧。

中国式现代化蕴含着"人与自然和谐共生"的生态观。中国式现代化具有许多重要特征，其中之一就是"人与自然和谐共生的现代化"，这一特征强调物质文明建设和生态文明建设协同推进。习近平总书记指出："中国式现代化必须走人与自然和谐共生的新路。这是对我们自己负责，也是对世界负责。"人与自然是生命共同体，如果人类无休止地向自然索取和掠夺，那么最终引发的就是大自然对人类的报复。中国式现代化站在人与自然和谐共生的高度来谋划经济社会发展，既坚持推动绿色低碳发展，又积极推动全球可持续发展，已经在中国生态文明建设实践中取得了历史性成就。可以说，中国式现代化道路必将为全球生态文明建设凝聚思想共识，为共建地球生命共同体贡献中国智慧和中国力量，为马克思恩格斯所提出的"人与自然和解"提供全新的实践样本。

中国式现代化，是中国共产党领导的社会主义现代化，既有各国现代化的共同特征，更有基于自己国情的中国特色。中国式现代化的伟大实践深刻体现了马克思主义理论的精髓要义，深刻体现了中国共产党致力于建成社会主义现代化强国的远景目标，深刻体现了中国共产党以新的伟大奋斗创造新的伟业的坚强决心和信心。

（作者系北京航空航天大学马克思主义学院教授）

历 史 篇

在时代洪流中不断推进中国式现代化

◇ 张政文

习近平总书记在学习贯彻党的二十大精神研讨班开班式上的重要讲话,就中国式现代化的一系列重大理论和实践问题进行了系统概括和深入阐述,具有极强的政治性、理论性、针对性和指导性,为新时代新征程上以中国式现代化全面推进中华民族伟大复兴进一步指明了前进方向,明确了实践遵循。我们必须倍加珍惜、始终坚持、不断拓展和深化,进一步丰富和发展中国式现代化理论体系,扎实推进中国式现代化建设,努力开创党和国家事业发展新局面。

第一,中国式现代化是我们党领导全国各族人民在长期探索和实践中历经千辛万苦、付出巨大代价取得的重大成果。

现代化是近代以来中华民族和中国人民的梦想与追求。1840年鸦片战争以后,在西方列强入侵和封建腐朽统治下,中国逐步成为半殖民地半封建社会。为了拯救民族危亡,追赶世界现代化潮流,中华民族和中国人民在黑暗中苦苦探寻,洋务运动以器卫道的现代化之路、维新变法与辛亥革命推崇的制度革新的现代化之路、新文化运动倡导的文化改造的现代化之路等,由于缺乏科学理论的指导而轮番碰壁。十月革命一声炮响,给中华民族和中国人民送来了马克思列宁主义。在马克思列宁主义同中国工人运动的紧密结合中，中国共产党应运而生，自此，中华民族和中国人民的现代化探索有了主心骨。新中国成立后，中国共产党高举马克思主义旗帜，勇于探索，不懈奋斗，不断推进社会主义现代化，成功走出中国式现代化道路，拓展了发展中国家走向现代化的途径。

党的百年奋斗始终与中国式现代化的实践探索同向同行。党在新民主主义革命时期，经过28年浴血奋战，推翻帝国主义、封建主义和官僚资本主义三座大山，建立了人民当家作主的中华人民共和国，为实现现代化创造了根本社会条件。党在社会主义革命和建设时期，团结带领人民，消灭在中国延续几千年的封建制度，确立社会主义基本制度，建立起独立的比较完整的工业体系和国民经济体系，社会主义革命和建设取得了独创性理论成果和巨大成就，为现代化建设奠定根本政治前提和宝贵经验、理论准备、物质基础。党在改革开放和社会主义建设新时期，作出把党和国家工作中心转移到经济建设上来、实行改革开放的历史性决策，开创、坚持、捍卫、发展中国特色社会主义，为推进中国式现代化提供了充满新的活力的体制保证和快速发展的物质条件。中国特色社会主义进入新时代，我们在战略上不断完善，深入实施科教兴国战略、人才强国战略、乡村振兴战略等一系列重大战略；在实践上不断丰富，推动党和国家事业取得历史性成就、发生历史性变革，为中国式现代化提供了更为完善的制度保证、更为坚实的物质基础、更为主动的精神力量。纵观党的奋斗历程，在中国共产党的坚强领导下，中华民族和中国人民依靠中国式现代化不断激发创新精神与创造活力，不断实现经济社会快速发展，不断赢得与西方现代化的比较优势。实践证明，中国式现代化道路走得通、行得稳，是强国建设、民族复兴的唯一正确道路。

第二，中国式现代化是我们党在实践创新和理论创新良性互动的基础上推进马克思主义中国化时代化的重大理论创新。

中国式现代化理论是中国式现代化道路的理论表达。中国共产党带领中华民族和中国人民在中国革命、建设、改革和奋进新时代过程中探索中国式现代化方案、开辟中国式现代化道路的伟大实践，在思想理论上表现为不断谱写马克思主义现代化理论中国化时代化的新篇章。在新民主主义革命时期，我们党提出："在抗日结束以后……中国工人阶级的任务，不但是为着建立新民主主义的国家而斗争，而且是为着中国的工业化和农业近代化而斗争"；在社会主义革命和建设时期，毛泽东强调："建设社会主义，原来要求是工业现代化，农业现代化，科学文化现代化，现在要加上国防现代化"，首次较完整地提出了"四个现代化"的内容；在改革开放和社会主义建设新时期，我们党首次提出"中国式的四个现代化"这一重大理论。党的十八大以来，我们党在已有基础上继续前进，创立了习近平新时代中国特色社会主义思想，实现了马克思主义中国化时代化新的飞跃，为中国式现代化提供了根本遵循。我们党进一步深化对中国式现代化的内涵和本质的认识，概括形成了中国式现代化的中国特色、本质要求和重大原则，初步构建起中国式现代化的理论体系。这一理论体系是对社会主义现代化建设理论的重大创新，为大力推进中国式现代化指明了正确路径，使中国式现代化更加清晰、更加科学、更加可感可行。

中国式现代化理论指引着中国式现代化伟大实践。一个国家走向现代化，既要遵循现代化的一般规律，更要符合本国实际，具有本国特色。基于中国特殊的基本国情、历史传统与文化积淀，在马克思主义中国化时代化进程中形成的中国式现代化理论，不是国外现代化理论的翻版,不是其他社会主义国家理论与实践的再版,而是马克思主义现代化理论同中国现代化具体实际相结合、同中华优秀传统文化相结合的原版,展现了现代化的另一幅图景,指导着不断发展的中国式现代化伟大实践。一方面,中国式现代化理论打破了"现代化=西方化"的迷思。从世界现代化发展史的视域来看,西方国家率先开启了现代化进程,但"西方模式"不是也不可能是现代化的唯一模式。中国式现代化摒弃了西方现代化的老路,具有鲜明的中国特色,为广大发展中国家独立自主迈向现代化树立了典范,提供了全新选择。另一方面,中国式现代化理论运用和发展了科学社会主义。从社会主义发展史的视域来看,中国式现代化是科学社会主义与中国现代化实践相结合的产物,深刻体现了科学社会主义的本质规定性,全面反映了基本国情、人民意愿、发展实际和中华优秀传统文化,是科学社会主义的最新重大成果,改写了人类社会现代化的世界版图,推动科学社会主义在 21 世纪的中国焕发出新的蓬勃生机。

第三,新征程上奋力谱写以中国式现代化全面推进中华民族伟大复兴的新篇章。

坚持党的领导确保中国式现代化的正确方向。中国式现代化是中国共产党领导的社会主义现代化,党的领导直接关系中国式现代化的根本方向、前途命运与最终成败,坚持党的领导是中国式现代化的最本质要求。中国共产党是中国式现代化的谋划者、领导者与推动者,是新征程上奋力谱写以中国式现代化全面推进中华民族伟大复兴新篇章取得伟大成功的坚强核心。只有毫不动摇地坚持党的领导,中国式现代化才能前景光明、繁荣兴盛。始终坚持党的领导,应毫不动摇地坚持中国式现代化的中国特色、本质要求、重大原则,确保中国式现代化锚定奋斗目标行稳致远;应勇于改革创新,不断破除各方面体制机制弊端,不断激发建设中国式现代化的强劲动力;应坚持党的群众路线,坚持以人民为中心的发展思想,发展全过程人民民主,充分激发全体人民的主人翁精神,不断凝聚建设中国式现代化的磅礴力量;应全面贯彻落实党中央决策部署,对标党的二十大擘画的全面建成社会主义现代化强国的战略安排、目标任务,更好统筹国内国际两个大局,更好统筹疫情防控和经济社会发展,更好统筹发展和安全,全面深化改革开放,推动高质量发展,扎实推进中国式现代化建设。

运用科学思维不断拓展和深化中国式现代化。坚持战略思维,增强战略的全局性,谋划战略目标、制定战略举措、作出战略部署,都要着眼于解决事关党和国家事业兴衰成败、牵一发而动全身的重大问题;增强战略的稳定性,一抓到底、善作善成。同时,善于把战略的原则性和策略的灵活性有机结合起来,在因地制宜、因势而动、顺势而为中把握战略主动。坚持系统思维,正确处理好顶层设计与实践探索、战略与策略、守正与创新、效率与公平、活力与秩序、自立自强与对外开放等一系列重大关系,统筹兼顾、系统谋划、整体推进中国式现代化这一系统工程。坚持创新思维,把创新摆在国家发展全局的突出位置,顺应时代发展要求,着眼于解决重大理论和实践问题,积极识变应变求变,不断塑造发展新动能新优势,为中国式现代化注入不竭动力。坚持底线思维,保持战略清醒,对各种风险挑战做到胸中有数;保持战略自信,增强斗争的底气;保持战略主动,增强斗争本领;居安思危、未雨绸缪,敢于斗争、善于斗争,通过顽强斗争战胜各种风险挑战,打开事业发展新天地。

(作者系中国社会科学院大学教授)

中国式现代化的历史逻辑

◇泓　峻

党的二十大报告概括提出并深入阐述了中国式现代化理论。最近,在学习贯彻党的二十大精神研讨班开班式上,习近平总书记围绕中国式现代化问题发表了重要讲话,强调一个国家走向现代化,既要遵循现代化的一般规律,更要符合本国实际,具有本国特色,并就中国式现代化在全面推进中华民族伟大复兴中的作用,以及为解决人类面临的共同问题作出的重要贡献进行了深入阐释。

中国式现代化理论是马克思主义中国化时代化新的飞跃,是中国共产党人一次重大的理论创新。它不仅建立在中国共产党领导全国各族人民进行中国特色社会主义伟大实践的基础之上,也建立在对西方式现代化发展过程、发展趋势、存在问题的深刻洞察之上,建立在对发展中国家百年来追求现代化实践经验与教训的总结之上,建立在坚定的历史自信、文化自信之上,有其深刻的历史逻辑。

以现代资本主义为制度基础的西方式现代化开启了工业革命的大门,推动了科学技术的发展,创造了前所未有的物质财富,对人类社会进步作出了巨大贡献,但其在一开始就存在自身难以克服的矛盾,表现出野蛮血腥的一面。产生于19世纪的马克思主义理论以及各种社会主义思潮,都建立在对西方式现代化进行反思与批判的基础之上。马克思深刻分析了西方资本主义的原始积累过程,认为这一过程不但是资本通过"圈地运动""西进运动"等剥削压榨本国劳动人民的过程,更是欧洲各国以地球为战场而进行的商业战争。伴随这一过程的,还有整个社会道德的沦丧。许多资产阶级思想家、艺术家,也对西方式现代化过程中出现的人与社会、人与自然之间的矛盾以及人们内心的冲突进行了揭示,形成了形形色色的反现代化理论,以及许多表现现实荒诞与心灵苦闷的现代主义文艺作品。近几十年来,西方式现代化面临着许多新的问题。在这种情况下,中国式现代化的提出,展现了现代化的另一幅图景,打破了"现代化＝西方化"的迷思。

现代化不应该有统一的模式。世界各国的现代化有共同特征,与此同时,各国的现代化也必须结合自己国家的实际,尊重自己的历史文化传统,形成自己的特色。只有把选择现代化道路的主动权牢牢握在自己手中,才能保证本国的现代化造福本国人民,取得真正成功。

20世纪80年代后期,美国学者弗朗西斯·福山抛出了"历史终结论",认为80年代世界上发生的一系列重大事件,不仅是冷战的结束,而且是历史本身的终结,西方所谓的"自由民主"将成为"人类政府的最终形式",除此之外,后发现代化国家"不可能再有更好的选择"。然而,苏联解体后独立的国家,以及亚洲、非洲、拉美等部分发展中国家主动或被迫"引进"福山所说的"人类政府的最终形式"之后,西方式现代化之路不但没有使这些国家走向富强,许多地方反而出现了严重的贫富分化,国家处于长期内乱之中,甚至四分五裂,给人民造成了极大痛苦,国民经济出现了严重倒退。事实证明,以西方为模版的现代化,不是解决世界上所有国家和地区生存与发展问题的灵丹妙药。即使在西方国家内部,现代化也没有统一的模式:德国的现代化不同于法国,美国的现代化也不同于英国。与此同时,就亚洲国家而言,日本、韩国、新加坡的现代化,也不是对欧美现代化模式的简单移植,而是各有自己的特色。

鸦片战争以后,中国开启了追求现代化的进程。当中国的一些进步知识分子怀着满腔热情引进西方的先进器物,学习西方的科学技术,研究西方的政治制度时,西方列强的侵略无情地击破了他们走西方道路拯救中国的梦想。第一次世界大战后,梁启超等人在游历了欧洲之后,就对欧洲社会表达了深深的失望,意识到中国的现代化不应该"全盘西化"。也正是由于对西方式现代化的失望,中国人民在中国共产党的领导下,选择了中国特色社会主义道路。

中国式现代化具有现代化的共同特征,是一种面向世界、面向人类文明的现代化。与此同时,中国式现代化也有自己的鲜明特色,党的二十大报告将其总结为人口规模巨大的现代化、全体人民共同富裕的现代化、物质文明和精神文明相协调的现代化、人与自然和谐共生的现代化、走和平发展道路的现代化。这些特色是将马克思主义基本原理同中国具体实际相结合、同中华优秀传统文化相结合的结果,包含着独特的中国经验与中国智慧。

人类的现代化必须是可以提供多种选择路径的现代化,建立在各个国家平等基础上的现代化,能够促进文明交流互鉴的现代化,包容各个国家独特历史文化的现代化。中华五千年文明博大精深,对人类社会的进步作出过卓越贡献。近几百年来,西方社会现代化进程的展开,不仅利用了自身的文明成果,也吸收了东方国家的文化智慧,中国在科学技术上的许多发明创造以及中国传统的政治制度与哲学思想,就在其中发挥了不可忽视的作用。20世纪以来,当西方社会危机日益加重,西方式现代化面对许多自身无法克服的矛盾时,有不少西方思想家又试图在古老的东方文明中寻求解决问题的启示。中国天人合一的哲学观,关于大同世界的社会理想,德主刑辅、以德化人的德治主张,民贵君轻、政在养民的民本思想,对解决西方现代化发展过程中形成的人与自然之间的对立以及由此产生的严重生态危机,保护人类文明与文化的多样性,摆脱资本对人的压迫,保持物质文明与精神文明的平衡发展,都具有重要意义。中国式现代化是建立在中国经验与中国智慧基础上的现代化,其中所蕴含的独特世界观、价值观、历史观、文明观、民主观、生态观等及其伟大实践,是对世界现代化理论和实践的重大创新。

〔作者系山东大学(威海)文化传播学院教授〕

从历史看中国式现代化的重大创新

◇虞和平

习近平总书记指出,中国式现代化"借鉴吸收一切人类优秀文明成果,代表人类文明进步的发展方向,展现了不同于西方现代化模式的新图景,是一种全新的人类文明形态"。它"打破了'现代化＝西方化'的迷思,展现了现代化的另一幅图景""是对世界现代化理论和实践的重大创新"。体会这一段论断,"中国式现代化"这一论说至少有四大创新:一是人类文明发展历程的新总结和新认知;二是人类文明发展的新方向和新形态;三是世界现代化的新图景;四是世界现代化理论的新创造。这些创新集中体现在习近平总书记提出的中国式现代化的内涵之中,完全符合中国和世界现代化的理论和实践的历史事实。

所谓现代化的内涵,就是现代化包含哪些内容?什么叫现代化?这既是现代化认知、设计、研究的理论问题,也是现代化实践和发展过程的客观存在。前者是后者的理解,后者是前者的前提,在不同的时空中有着不同的理论界定和客观表现。在现代化概念普及和运用之前,世界各国具有现代化意义的变革和举措,都不知晓自己的所作所为是现代化行为,更无现代化的称谓和理念,只认为这些举措是最好的致强致富之道。除第一个走上现代化之路的英国之外,其他各国都是对先强先富之国的仿效。如欧洲各国和美国的早期现代化都是效仿英国,也被称为"英化";日本的早期现代化则仿效欧美,即所谓"和魂洋才""脱亚入欧",也被称为"欧化"或"西化";中国的早期现代化与日本相似,亦有"西化"之称,只是在欲仿之"西"中又加了一个日本,直到1921年之后随着马克思主义和现代化概念的传入和运用,才逐渐由西化转向现代化。因此,这一阶段的现代化是以"西化"为主的现代化,是缺乏理论认知的现代化,或称为感性的现代化。不过,各国的"英化""西化"并非对仿效对象的全盘复制,也有出自各自国情的独特方式方法。

在现代化的概念普及和被广泛运用之后,世界各国才陆续出现对现代化的理性认知和自主运用。由于现代化最先出现于西方,现代化概念和理论也最先在西方生成和运作。但是,现代化的生成之源主要是西方各国已有现代化经验,所认知的现代化内涵有一定的时空局限性,主要是资本主义的工业化和民主化,以及由工业化派生的城市化、科学化等。因而,此时的现代化理论实质上是一种传播西方资本主义现代化的理论,也可以说是"西化"和资本主义化的理论,企图以此引诱后现代化、未现代化的国家继续走西方的路。西方现代化理论的内容,后虽然有所变化,但并未有重大改变。

马克思主义和西方现代化概念传入中国后,很快引起了中国学界和有志之士的关注,报刊上"现代化"和"近代化"二词日益增多,其主要内涵亦已涉及工业化和民主化。尤其是在马克思主义和苏联的影响下,中国开始出现社会主义现代化的思想,与中国共产党的革命宗旨相符合。抗战胜利后的1946年至1949年,毛泽东多次提到中国的工业化和民主化建设问题;新中国成立后,中国在1954年提出要实现工业、农业、国防、科技现代化,加上已经初步实现的民主化,将现代化内涵扩大至五个方面,都是当时中国面临的最大需要,具有明显的时代特色。

改革开放后,中国式现代化开始提出,并展开理论和实践上的探索,提出了一些理论主张和实践方式。党的十八大以后,对现代化内涵的认知不断提升、拓展。习近平总书记在党的二十大报告中提出中国式现代化的理论体系,明确指出中国式现代化的内涵:是人口规模巨大的现代化、是全体人民共同富裕的现代化、是物质文明和精神文明相协调的现代化、是人与自然和谐共生的现代化、是走和平发展道路的现代化。

中国式现代化内涵体系,既包含着世界现代化的一般性,也凸显了中国式现代化的独特性。世界现代化的一般内涵,主要是规范现代化的实践范畴,不同的理论有不同的指称,五花八门,如工业化、市场化、民主化、法治化、城市化、科学化、世俗化等,但最主要的是工业化和民主化。中国式现代化的内涵中不仅包含着这些一般性的现代化内涵,尤其重视工业化和民主化,而且明确指出了中国特有的五项内涵。

更为突出的是,中国式现代化的内涵体系不仅仅限于现代化的实践内容,而是体现着以人为本的终极目的,一切都是为全人类共同提高生活水平、改善生活环境和谋生途径。这一现代化的终极目的,在世界现代化的一般内涵中是从未有过的。资本主义现代化以资本为核心,其主要目的在于追求资本的增殖和积累,即使会在客观上提高和改善人民的生活水平和生活环境,那也不过是一种被动的利润分配而已,且不能普及到全体民众。中国式现代化则明确要实现"全体人民共同富裕""人与自然和谐共生",从而把提高和改善人民生活作为现代化的根本目的。

上述世界现代化内涵的变迁过程表明,中国式现代化的内涵体系,大大突破了以往各种现代化理论所列举的现代化内涵。正如习近平总书记所指出的,中国式现代化蕴含着"独特世界观、价值观、历史观、文明观、民主观、生态观"。由此可见,中国式现代化理论是迄今为止世界上对现代化的最新、最全、最高认知,是对现代化理论的划时代的重大创新。

(作者系中国社会科学院近代史研究所研究员)

深刻理解中国式现代化的历史逻辑

◇马　敏

2023年2月7日,习近平总书记在学习贯彻党的二十大精神研讨班开班式上发表重要讲话强调,概括提出并深入阐述中国式现代化理论,是党的二十大的一个重大理论创新,是科学社会主义的最新重大成果。我们必须倍加珍惜、始终坚持、不断拓展和深化。

哲学社会科学界的重要任务之一,是应从多方面对中国式现代化进行深入理论探讨,讲清楚中国式现代化的理论逻辑、历史逻辑和实践逻辑。理论逻辑、历史逻辑和实践逻辑是理解中国式现代化的三个重要维度,构成一个完整的认知体系。理论逻辑侧重从哲理上探讨中国式现代化的理论范式、框架体系、本质特征、价值观念,以及与西方现代化理论的异同;历史逻辑则需厘清中国式现代化的历史脉络、历史传承及历史自信;实践逻辑侧重于阐明中国式现代化的实践经验、实施方略和推进路径。

从历史逻辑看,中国式现代化绝非无源之水、无本之木,而自有其历史来源及自身演化的历史脉络,我们必须从现实和历史双重视角,深入探讨其丰富内涵和意义,厘清中国式现代化所具有的历史过程性、历史延续性、历史传承性及其所蕴含的历史价值观。以史为鉴,开创未来。为此,可从以下几方面来把握。

深刻理解中国式现代化同
早期现代化的区别与联系

首先,中国式现代化是历史的选择,人民的选择。中国是在资本主义早期现代化道路走不通的情况下,选择了社会主义现代化道路。自 1840 年鸦片战争以来,无数仁人志士都在以自己的方式探索中国的现代化之路,但最终都没有获得成功。究其原因,这些探索都是以不同程度的"西化"或"欧化"为旨归,始终没有脱出外烁现代化和依附现代化之窠臼。只有中国共产党人将马克思主义基本原理同中国具体实际相结合,立足于中国国情,团结带领中国人民,探索出了不同于资本主义现代化的社会主义现代化道路,方才破解了外烁现代化之困,走出了一条独立自主的现代化之路。

其次,作为后发现代化国家,近代中国又是一个人口多、底子薄、贫穷落后的农业国。这样的基础和起点,决定了在现代化起步之时,必须建立公有制为基础的社会主义经济制度。通过计划经济体制,以高效的"赶超"方式,全力以赴地推进工业化,迅速改变国家落后面貌,为现代化起飞创造必要的经济社会条件,破解后发式现代化之困。

深刻理解中国式现代化的自身演变脉络

中国式现代化并非一蹴而就,经历了曲折的发展过程,具有鲜明的阶段性特征。我们必须从历史逻辑上把握中国式现代化的阶段特征,从而获得对中国式现代化发展规律的认识。

中国式现代化主要经历了三个发展阶段:(1)1949—1978年为中国式现代化奠基时期。这一时期的主要任务是在新民主主义革命取得成功的基础上,通过制度变革和道路摸索,为中国的工业化和现代化探寻可行之路,为实现现代化打下坚实基础。可视之为现代化起飞前的准备时期。(2)1978—2012年是中国式现代化快速发展时期。全党的工作重点开始转移到社会主义现代化建设上来,各项改革措施相继出台,中国经济实现了前所未有的快速发展,社会面貌也随之发生了巨大改变,用短短几十年时间走过了发达国家几百年的工业化历程,实现了从"站起来"到"富起来"的巨大飞跃。(3)2012年至今是中国式现代化走向成熟时期。面对世界百年未有之大变局,以习近平同志为核心的党中央统筹推进"五位一体"总体布局,协调推进"四个全面"战略布局,推动党和国家事业取得历史性成就、发生历史性变革,为全面建设社会主义现代化国家书写了浓墨重彩的篇章,中华民族伟大复兴进入了不可逆转的历史进程。

历史地看,中国式现代化正是这样一个分阶段不断演进、不断累积的过程,具有从量变到质变,不断升华、飞跃的特征。从"站起来"到"富起来"再到"强起来",其实质是从"立国"之路到"兴国"之路,再到"强国"之路的逐级变轨、稳步提升,使中华民族伟大复兴的中国梦逐步从梦想变为现实。

深刻理解中国式现代化与
中华优秀传统文化的内在联系

历史与文化具有内在的传承性。中国式现代化为什么走了一条与众不同的独特道路？为什么能突破西方模式而呈现独特的形貌？除却诸多现实因素外，最根本的还在于中国5000多年的历史传承与文化传统。中国式现代化深深植根于中华优秀传统文化的沃土，只有回到"历史"，回归"文化"，我们才能真正破解中国式现代化道路的深层基因密码。中国式现代化实际上是"两个结合"的产物，即马克思主义基本原理同中国具体实际相结合，同中华优秀传统文化相结合。恰如习近平总书记所指出："如果没有中华五千年文明，哪里有什么中国特色？如果不是中国特色，哪有我们今天这么成功的中国特色社会主义道路？"

现实与历史之间并不存在一条截然界限，传统与现代也并非截然两分。中国式现代化固然是对传统的跨越，但并不意味着现代化可以脱离传统而发展。更大程度上，是对传统的转化和"活用"，是对中华优秀传统文化的继承和创新。所以，推进中国式现代化，必须善于从中华优秀传统文化的宝库中寻求智慧、汲取精华，坚持历史自信、文化自信，坚持古为今用、推陈出新。历史思维的任务，就是要发掘和凸显这种内在契合性。

深刻理解中国式现代化与
中华民族伟大复兴的密切关系

以中国式现代化全面推进中华民族伟大复兴，是党在新时代新征程的中心任务和基本方略。中国式现代化与中华民族伟大复兴的关系，是路径与目标的关系。中华民族伟大复兴是我们的根本目标，中国式现代化则为这一目标的实现提供了切实可行的路径、动力和支撑。

在历史延长线上,中国早期现代化的种种努力和尝试,其初衷往往是为了求得中国的"富强"与"复兴"。尽管洋务运动破产、戊戌变法失败,辛亥革命亦未能改变中国的命运,但这些试图以现代化推动民族复兴的努力和尝试,都在近代以来民族复兴的漫漫长途中留下了自己的印迹。正如习近平总书记所强调的,"实现中华民族伟大复兴是近代以来中国人民的共同梦想,无数仁人志士为此苦苦求索、进行各种尝试,但都以失败告终。探索中国现代化道路的重任,历史地落在了中国共产党身上"。

历史又是在继承中发展的。中国共产党自从接过民族复兴的旗帜后,先是通过新民主主义革命推翻帝国主义、封建主义、官僚资本主义三座大山,建立新中国,为实现中国式现代化创造了根本社会条件,继而带领中国人民通过艰难探索,成功推进和拓展了中国式现代化,使中华民族伟大复兴呈现出无比光明的前景。历史已经并将进一步证明,只有中国式现代化道路才是强国建设、民族复兴的唯一正确道路,而这条道路的实质,就是中国特色社会主义道路,就是创建全新的人类文明形态。

(作者系华中师范大学中国近代史研究所教授)

中国式现代化的历史内涵

◇何中华

　　中国式现代化道路的成功实践证明了一个事实：现代化既不是西方国家的"专利"，也不是资本主义制度的"专利"。中国特色社会主义事业的历史意义就在于，它昭示了一种不同于西方式现代化道路的可能性。

　　作为一个东方大国，中国所特有的具体国情，包括独特的经济条件、政治条件、文化条件等，构成其现代化赖以实现的重要前提和不可剔除的变量。它所造成的"路径依赖"，从根本上决定了中国式现代化道路的独特性。因此，就实际路径和历史形态而言，"现代性"并不是单数的，而是复数的。古老而睿智的中华民族，拥有上下五千年漫长而丰厚的历史文化传统，经过创造性转化和创新性发展，构成其走向现代化的独特资源和优势，使我们在历史实践中逐步走出了一条不同于西方式现代化之路，其意义非同小可。其实，即使是西方国家，其现代化道路也不完全相同，并没有统一的模式或路径。把现代化等同于西方化，其背后隐含着"西方中心论"的预设。非西方国家若按这一等式把自身"格式化"，就无从找到"谁的现代化"和"为谁的现代化"的答案，从而丧失掉主体性。因此，只有探索出一条非西方的现代化道路，才能避免在现代化的狂飙突进中迷失自我，从而打破"西方中心论"的拘囿。中国式现代化的意义和价值，就在于使中华民族在现代化进程中充分葆有自主性，进而克服现代化所造成的文化均质化对文化多样性的戕害。

在中国近现代史研究中，有"革命史叙事"和"现代化叙事"两种范式，它们彼此之间看似存在着很大张力，实则统一于中华民族自晚清以降从危亡到拯救再到崛起的历史进程中。中国特色社会主义的历史实践，既是革命的产物，又是革命本身。即使是改革，也是一场深刻的革命。同时，它也表征为中国式现代化的历史过程。离开了中国特色社会主义的实践，就根本谈不上中国式现代化；反过来说，离开了中国式现代化道路的探索，中国特色社会主义也无从说起。在此意义上，它们只是从不同视角所把握的同一历史过程而已。

中国式现代化是社会主义的现代化，只有通过中国特色社会主义的路径才能实现。同西方式现代化相比，中国特色社会主义构成中国式现代化的制度特征和优势。作为资本主义的历史扬弃和超越，社会主义意味着对现代性的历史局限性的克服。在社会主义条件下发展市场经济，"经济人"假设不再作为独断信条支配人与自然的关系和人与人的关系。这就为顺利实现由工业文明向生态文明的转型，寻求经济发展与环境保护的均衡和兼容提供了制度保障；也为恰当地处理市场经济与道德的关系，重建社会信任体系，优化人际关系，维系并强化公序良俗，提供了现实的可能。恩格斯指出：资本主义卫道士把商品经济及其逻辑说成是"历史的最高成就"，从而为其作辩护。这类辩护隐藏着市场原教旨主义情结。马克思作为资本主义制度的解构者，主张"对每一种既成的形式都是从不断的运动中，因而也是从它的暂时性方面去理解"，因此把商品经济看作一种暂时的必然性,而非永恒的必然性。这正是马克思之所以坚持辩证法的一个重要原因。按照历史的辩证法,无疑既要承认商品经济及其逻辑的历史必然性和必要性,同时也要看到它的历史暂时性。

唯物史观和历史经验都表明,市场经济是社会发展的一个不可逾越的历史阶段。在中国式现代化进程中,这表征为社会主义市场经济体制的能动建构。但市场经济是一把双刃剑,对于中国特色社会主义建设实践来说,只有辩证地对待它,才能实现扬长避短。市场是有用的,也是有效的,但又是有局限的。因此,应该把它限制在恰当范围之内。对于一个健全的社会来说,市场逻辑不应成为支配全部社会生活和领域的独断尺度。防范资本"利维坦"的形成,以便最大限度地抑制"资本权力"(马克思语)的无止境扩张,避免其侵蚀非经济领域,成为社会主义市场经济体制建构的重要课题。只有在社会主义制度环境中,才能真正做到这一点。这是社会主义特有的优势所在。在社会主义条件下,能够最大限度地调节效率与公平之间的关系,追求有效率的公平和有公平的效率,既避免平均主义,又防止贫富两极分化,使现代化成果以普惠方式让全体社会成员受益,实现"帕累托最优"。从总体上说,社会主义为"零和博弈"转变为"正和博弈"提供了制度条件。这正是社会主义何以必然要取代资本主义的内在理由,也是中国式现代化显示出来的优越性所在。

对于不同国家和民族来说,在实现现代化的路径和模式上,既有其共性又有其个性,夸大或无视其中任何一个方面,在理论上都是错误的,在实践上也是有害的。历史的经验教训反复证明了这一点。中国与西方在现代化道路上固然存在着异质性,但不能因此就认为两者是一种对抗性关系,它们应该是一种良性竞争、积极互动和文明互鉴的关系。"万物并育而不相害,道并行而不相悖"(《礼记·中庸》)。不同文明之间的建设性互动,是优势互补、相辅相成的。从历史上看,西方的现代化不是在一个自足的状态中完成的。例如,其划时代的技术革命在很大程度上得益于中国古代"四大发明"的西传;西方近代文官制度也在一定程度上借鉴了中国的"科举制";西方古典经济学的重农学派蕴含着某些中国思想的因子;亚当·斯密的"看不见的手"理论与老子的"无为而治"思想也有着某种关联。同样地,中国的现代化道路也不是在孤立封闭的条件下探索出来的,而是在批判地借鉴吸收一切人类优秀文明成果的基础上达成的。这不仅体现在借鉴西方先进的科学技术成果方面,而且体现在利用市场经济机制方面。尤其不可忽略的是,离开了"西学东渐"背景下的马克思主义在中国的传播,进而变成"实践能力的明证",我们就无法正视并理解中国现当代史及其背后的实质和内涵。

(作者系山东省习近平新时代中国特色社会主义
思想研究中心特约研究员)

中国式现代化探索的历史逻辑

◇陈志刚

现代化是生产力发展到一定阶段的产物,是人类文明发展与进步的显著标志,是世界各国孜孜以求的共同目标。在马克思主义的指导下,中国共产党自觉担当起历史的重任,创造了中国式现代化,探索了一条实现中华民族伟大复兴的正确道路。习近平总书记在学习贯彻党的二十大精神研讨班开班式上发表重要讲话,为我们深刻阐明了中国式现代化探索的历史进程和历史逻辑。

新民主主义革命时期,为实现中国现代化创造了根本社会条件。中国共产党一经诞生,就始终坚持为人民谋幸福、为民族谋复兴的初心和使命,把中国工业化作为自己的自觉追求。经过 28 年浴血奋斗,中国共产党领导人民推翻了帝国主义、封建主义、官僚资本主义三座大山,彻底结束了旧中国半殖民地半封建社会的历史,彻底结束了旧中国一盘散沙的局面,彻底废除了列强强加给中国的不平等条约和帝国主义在中国的一切特权,建立了人民当家作主的中华人民共和国,实现了民族独立、人民解放,为中国实现现代化创造了根本社会条件。

社会主义革命和建设取得了独创性理论成果和巨大成就,为现代化建设奠定根本政治前提和宝贵经验、理论准备、物质基础。新中国成立后，中国共产党团结带领人民，自力更生、发愤图强，真正开启了中国现代化的征程。社会主义基本制度的确立，为中国现代化建设奠定了根本政治前提。新中国成立后，党团结带领人民进行社会主义革命，消灭了在中国延续几千年的封建制度，建立和巩固了工人阶级领导的、以工农联盟为基础的人民民主专政的国家政权，确立了人民代表大会制度、中国共产党领导的多党合作和政治协商制度、民族区域自治制度，并通过三大改造建立了社会主义经济制度。社会主义基本制度的确立，实现了中华民族有史以来最为广泛而深刻的社会变革，确保了党对中国现代化的领导和社会主义方向，也充分激发了最广大人民群众进行现代化建设的积极性。并且积极探索了适合中国国情的工业化道路，为中国现代化建设提供了宝贵经验和理论准备。以毛泽东同志为主要代表的中国共产党人，提出了把马克思列宁主义基本原理同中国具体实际进行第二次结合的问题，由此提出了关于社会主义建设的一系列重要思想，要求正确处理我国社会主义建设的十大关系，强调在工业化上既要坚持重工业优先又要实行轻工业与农业同时并举，走出一条适合我国国情的工业化道路。建立起独立的比较完整的工业体系和国民经济体系，为中国现代化建设奠定了物质基础。

改革开放和社会主义建设新时期，为中国式现代化提供了充满新活力的体制保证和快速发展的物质条件。党的十一届三中全会以后，中国共产党团结带领人民，解放思想、锐意进取，在改革开放的伟大实践中，为中国式现代化提供了充满新活力的体制保证和快速发展的物质条件，开创、坚持、捍卫、发展中国特色社会主义。邓小平同志提出了"小康"这一"中国式的现代化"的目标，并在之后提出了

"三步走"的现代化战略部署。从此,小康目标深入人心,并从小康拓展到全面小康,从全面建设小康拓展到全面建成小康,内涵外延不断丰富,路线图和时间表也越来越细化。

中国式现代化把社会主义和市场经济结合起来,中国特色社会主义焕发出蓬勃的生机和活力,实现了从生产力相对落后的状况到经济总量跃居世界第二的历史性突破,实现了人民生活从温饱不足到总体小康、奔向全面小康的历史性跨越。不仅如此,中国式现代化从探索之初就与文明的再造联系在一起,从邓小平同志提出"两个文明一起抓",再到后来的"三个文明""四个文明""五个文明"协调发展,中国共产党在不断探索中创造了人类文明新形态。

中国特色社会主义进入新时代,为中国式现代化提供了更为完善的制度保证、更为坚实的物质基础、更为主动的精神力量。党的十八大以来,中国特色社会主义进入新时代,中华民族迎来了从站起来、富起来到强起来的伟大飞跃。以习近平同志为核心的党中央,坚持守正创新、自信自强,以极大的理论创新和实践创新,成功推进和拓展了中国式现代化。

首先,在理论上,习近平总书记深化了对中国式现代化的内涵和本质的认识,概括形成了中国式现代化的中国特色、本质要求和重大原则,初步构建了中国式现代化的理论体系,使中国式现代化更加清晰、更加科学、更加可感可行。习近平总书记的这些思想极大地深化了我们对共产党执政规律、社会主义建设规律、人类社会发展规律的认识,丰富发展了马克思主义的现代化理论,超越了新自由主义和依附论,打破了"现代化＝西方化"的迷思,展现了现代化的另一幅图景,拓展了发展中国家走向现代化的路径选择,为人类对更好社会制度的探索提供了中国方案。

其次，在战略上，习近平总书记不仅强调协调推进"五位一体"总体布局，统筹推进"四个全面"战略布局，而且提出了建成社会主义现代化强国的战略目标以及"两步走"的战略安排，确保了中国式现代化的全面推进、稳中求进、循序渐进、持续推进。另外，在具体战略上，以习近平同志为核心的党中央深刻把握中华民族伟大复兴战略全局和世界百年未有之大变局，深入实施科教兴国战略、人才强国战略、乡村振兴战略、自主创新战略、网络强国战略、数字经济发展战略、扩大内需战略等一系列重大战略，为中国式现代化提供了坚实的战略支撑。这些新理念新思想新战略不仅成功打造了一个升级版的中国式现代化，使中国式现代化的目标更加宏伟，内涵更加丰富，而且推动中国式现代化迈上了新征程。

最后，我们在实践上不断丰富，推进一系列变革性实践、实现一系列突破性进展、取得一系列标志性成果，推动党和国家事业取得历史性成就、发生历史性变革。以习近平同志为核心的党中央始终坚持和完善中国特色社会主义制度，积极推进国家治理体系和治理能力现代化，推动改革全面发力、多点突破、蹄疾步稳、纵深推进，许多领域实现历史性变革、系统性重塑、整体性重构，为中国式现代化提供了更为完善的制度保证。通过精准扶贫战略，我们以前所未有的力度打响了脱贫攻坚战，历史性地解决了绝对贫困问题，创造了人类反贫困的奇迹，取得了全面建成小康社会的决定性胜利。通过深入贯彻新发展理念，积极构建以国内大循环为主体、国内国际双循环相互促进的新发展格局，国家经济实力、科技实力、综合国力跃上新台阶，我国经济迈上更高质量、更有效率、更加公平、更可持续、更为安全的发展之路，为中国式现代化提供了更为坚实的物质基础。同时，我们坚定文化自信，强化马克思主义在意识形态领域的指导地位，积极推进中华优秀传统文化的创造性转化和创新性发展,不仅使中国式现代化有了更多的中国特色,而且极大地增强了中国人的志气、骨气和底气,为实现中国式现代化提供了更为主动的精神力量。

实践证明,中国式现代化是中国共产党的伟大创造,是几代中国共产党人不断探索、开创、推进和拓展的结果,是实现中华民族伟大复兴的必由之路。只有始终坚持中国式现代化道路,才能实现中华民族伟大复兴。

(作者系中国社会科学院马克思主义研究院习近平
新时代中国特色社会主义思想研究部研究员)

理论篇

中国式现代化的中国逻辑

◇辛　鸣

习近平总书记在学习贯彻党的二十大精神研讨班开班式上的重要讲话深刻阐述了中国式现代化的一系列重大理论和实践问题,深刻揭示了中国式现代化的中国逻辑,是当代中国正确理解中国式现代化的思想指引,是大力推进中国式现代化的行动指南。

中国式现代化的历史逻辑

习近平总书记指出,中国式现代化是我们党领导全国各族人民在长期探索和实践中历经千辛万苦、付出巨大代价取得的重大成果。100多年来中国式现代化的历史进程一脉相承,一以贯之。通过民族独立、人民解放的新民主主义革命建立了人民当家作主的中华人民共和国,为实现现代化创造了根本社会条件。通过社会主义革命和建设,建立起独立的比较完整的工业体系和国民经济体系,为现代化建设奠定了根本政治前提、宝贵经验、理论准备和物质基础。通过改革开放和社会主义现代化建设,实现了从生产力相对落后的状况到经济总量跃居世界第二的历史性突破,实现了人民生活从温饱不足到总体小康、奔向全面小康的历史性跨越,为中国式现代化提供了充满新活力的体制保证和快速发展的物质条件。特别是党的十八大以来,在习近平新时代中国特色社会主义思想指引下,中国式现代化更加清晰、更加科学、更加可感可行。通过推进一系列重大理论创新、实践创新、战略创新,消除了绝对贫困问题,全面建成小康社会,为中国式现代化提供了更为完善的制度保证、更为坚实的物质基础、更为主动的精神力量,中国式现代化的道路越走越宽广,越走越光明。

中国式现代化的理论逻辑

人类社会的现代化究竟是全体人的现代化还是少数人的现代化,是永续发展的现代化还是饮鸩止渴的现代化,是文明的现代化还是野蛮的现代化,是人的现代化还是资本和物的现代化,不同的现代化理论逻辑产生出不同的现代化实践,塑造出不同的现代化形态。

习近平总书记的重要讲话重申了党的二十大报告概括出的中国式现代化的中国特色、本质要求和重大原则,构建起了中国式现代化的科学理论体系,进一步深化了对中国式现代化的内涵和本质的认识。中国式现代化的理论逻辑就其根本来讲有两大支点:"中国特色"和"社会主义",这从根本上决定了中国式现代化与西方现代化不同、与资本主义现代化不同。

"中国特色"来自中国经济社会和历史文化所决定和塑造的独特国情,是立足中国大地探寻出适合自己的道路和办法。作为人口规模巨大的现代化、全体人民共同富裕的现代化、物质文明和精神文明相协调的现代化、人与自然和谐共生的现代化、走和平发展道路的现代化,中国式现代化这五个方面的鲜明特色,打破了"现代化=西方化"的迷思,展现了现代化的另一幅图景,为人类对更好社会制度的探索提供了中国方案。

中国式现代化是中国共产党领导的社会主义现代化,"社会主义"是中国式现代化的根本性质,而中国特色社会主义最本质的特征是中国共产党领导,中国特色社会主义制度的最大优势是中国共产党领导。所以,习近平总书记特别强调,中国共产党的领导直接关系中国式现代化的根本方向、前途命运、最终成败。只有毫不动摇坚持党的领导,中国式现代化才能前景光明、繁荣兴盛;只有毫不动摇坚持党的领导,中国式现代化锚定的奋斗目标才会行稳致远;只有毫不动摇坚持党的领导,中国式现代化才会激发出奋勇前行的不竭动力,才会凝聚起强国建设、民族复兴的磅礴力量。

中国式现代化的文明逻辑

中国式现代化不仅是经济社会的现代化,更是人类文明发展的现代化。中国式现代化不仅走出了一条新道路,更创造了一种新文明。习近平总书记指出,中国式现代化,深深植根于中华优秀传统文化,体现科学社会主义的先进本质,借鉴吸收一切人类优秀文明成果,代表人类文明进步的发展方向,展现了不同于西方现代化模式的新图景,是一种全新的人类文明形态。

文明新形态并不是泛泛而谈,而是与现代西方文明相对应的、超越了现代西方文明的一种新文明。西方现代化利用既得优势地位制造路径锁定以限制后来者的创新与超越，其行为本身就是对现代性的反动，加之西方文明固有缺憾与西方现代化发展局限叠加，益发凸显出其现代化的困境和文明的悖论。如何走出西方现代化困境，展现现代化新的可能性，创造出人类文明新形态，中国式现代化作出了回答。文明新形态并不是飞来峰，而是中华文明经过创造性转化与创新性发展后体现时代新特征的崭新文明。文明的核心是价值理念及其主导下的思维与行为模式。中国式现代化蕴含的独特世界观、价值观、历史观、文明观、民主观、生态观等及其伟大实践，是对世界现代化理论和实践的重大创新。

"经纬天地曰文，照临四方曰明"，教化万物，给天地以规矩，给社会以意义、以希望。资本需要教化、人的动物本能需要教化，这个"化"正是中华文明的精义所在。中国式现代化用中华5000多年文明滋养现代经济社会发展，不仅用自身的成功实践拓展了发展中国家走向现代化的途径，给世界上那些既希望加快发展又希望保持自身独立性的国家和民族提供了全新选择，亦通过正确处理人与自然、人与社会、人与人以及人与自身关系，回答着人类文明亘古之问，创造出人类文明新形态。

中国式现代化的实践逻辑

中国式现代化是在社会主义初级阶段全面建设社会主义现代化国家，是在世界百年未有之大变局加速演化的背景下全面推进中华民族伟大复兴。新的战略机遇、新的战略任务、新的战略阶段、新的战略要求、新的战略环境,需要新的战略运筹、战略应对与战略实施。

坚持系统观念。习近平总书记指出,推进中国式现代化是一个系统工程。我们要不断提高战略思维、历史思维、辩证思维、系统思维、创新思维、法治思维、底线思维能力,把系统原则贯穿中国式现代化实践的全过程,统筹兼顾、系统谋划、整体推进,正确处理好顶层设计与实践探索、战略与策略、守正与创新、效率与公平、活力与秩序、自立自强与对外开放等一系列重大关系,为推进中国式现代化创造良好的发展条件。

进行伟大斗争。推进中国式现代化,是一项前无古人的开创性事业,必然会遇到各种可以预料和难以预料的风险挑战、艰难险阻甚至惊涛骇浪。我们要按照习近平总书记所指出的,敢于斗争、善于斗争,通过顽强斗争打开事业发展新天地。面对各种风险挑战保持战略清醒,做到胸中有数,稳坐钓鱼台;面对外部环境风云变幻保持战略自信,胜似闲庭信步;面对外来的打压遏制保持战略主动,于变局中开新局,把中国发展进步的命运牢牢掌握在自己手中。

〔作者系中央党校(国家行政学院)
马克思主义学院教授〕

中国式现代化的理论创新

◇高国希

习近平总书记在学习贯彻党的二十大精神研讨班开班式上发表重要讲话强调:"概括提出并深入阐述中国式现代化理论,是党的二十大的一个重大理论创新,是科学社会主义的最新重大成果。"对于这一重要论述,需要认真学习阐释。

中国式现代化,是中国共产党从根本上改写了中国现代史的重大创举。实现中华民族伟大复兴是近代以来中国人民的共同梦想。"自从中国人学会了马克思列宁主义以后,中国人在精神上就由被动转入主动。"马克思主义传入中国,探索中国现代化道路的重任,历史地落在了中国共产党身上。党领导人民开启了浴血奋战、建设家园的波澜壮阔的百年史诗。我们建立了人民当家作主的中华人民共和国,实现了民族独立、人民解放,为实现现代化创造了根本社会条件;我们党团结带领人民进行社会主义革命,为现代化建设奠定根本政治前提和宝贵经验、理论准备、物质基础;改革开放和社会主义建设新时期,为中国式现代化提供了充满新的活力的体制保证和快速发展的物质条件。在长期探索和实践基础上,经过新时代中国特色社会主义在理论和实践上的创新突破,我们党创立了习近平新时代中国特色社会主义思想,成功推进和拓展了中国式现代化。这是中国共产党人把马克思主义基本原理同中国具体实际相结合、同中华优秀传统文化相结合的成功探索。

习近平新时代中国特色社会主义思想,是中国式现代化的根本遵循。习近平新时代中国特色社会主义思想的世界观与方法论,坚持人民至上、自信自立、守正创新、问题导向、系统观念、胸怀天下,这是我们深刻理解党的创新理论、在实践基础上继续推进理论创新的基本点,对于全面建设社会主义现代化国家,具有根本的指导意义和极强的针对性。中国式现代化的社会主义本质表明,社会主义生产是以提高人民的物质生活和精神文化水平、为了满足人民对美好生活的需要、以人的发展为生产目的。同西方资本主义以资本增殖为生产目的、满足人的需要只是资本逐利逻辑的副产品,有着本质的区别。中国式现代化,作为新形态的文明,有中国价值、中国精神作为其坚实的精神力量支撑,这个新道路、新形态有着自身的价值追求,这就是坚持人民至上的世界观和方法论、以人民为中心的发展思想。

中国式现代化,有着完整丰富的理论体系。从中国特色来看,中国式现代化,是人口规模巨大的现代化。我国 14 亿多的人口规模整体迈进现代化,规模超过现有发达国家人口的总和,这将从根本上改变世界现代化的版图、力量对比;与此同时,中国式现代化进程的艰巨性和复杂性前所未有,在资源、环境、条件等客观方面会有极大的约束,这就迫使我们不能照搬既有的现代化发展途径和推进方式,而是要符合自身发展实际,来推进自身的现代化进程。在实践中,我们的道路选择是,中国式现代化是全体人民共同富裕的现代化,这既是由党的性质和宗旨所决定,也是中国特色社会主义制度的本质所决定的,"共同富裕是社会主义的本质要求,是中国式现代化的重要特征"，这个过程是广泛而深刻的社会变革、伟大社会革命，会极大促进社会进步；同时，中国式现代化是人与自然和谐共生的现代化，我们坚持可持续发展，坚持节约优先、保护优先、自然恢复为主的方针，像保护眼睛一样保护自然和生态环境，坚定不移走生产发展、生活富裕、生态良好的文明发展道路，实现中华民族永续发展；中国式现代化走的是和平发展道路的现代化，中国共产党以为中国人民谋幸福、为中华民族谋复兴、为世界谋大同的使命担当，始终坚定站在历史正确的一边、站在人类文明进步的一边，通过和平发展合作共赢的方式实现现代化；中国式现代化的本质要求是：坚持中国共产党领导，坚持中国特色社会主义，实现高质量发展，发展全过程人民民主，丰富人民精神世界，实现全体人民共同富裕，促进人与自然和谐共生，推动构建人类命运共同体，创造人类文明新形态。

中国式现代化，有中国价值、中国精神作为根基。中国式现代化既有现代化的共同特征，又不同于西方已有的现代化之路，打破了"现代化＝西方化"的迷思，表明西方的理性化过程和现代化过程重叠在一起，只是一种历史的可能，而非现代化的唯一路径，既有的西方现代性是有其局限性的，实证了人类实现现代化有多元选项的逻辑可能性。中国式现代化是社会主义现代化，在诸多方面有着自己的本质特征，深深地扎根于内蕴的独特的世界观、价值观、历史观、文明观、民主观、生态观等理念及其伟大实践，是对世界现代化理论和实践的重大创新。

中国共产党自建党之日起就以"为中国人民谋幸福，为中华民族谋复兴"的初心使命，形成了以伟大建党精神为源头的中国共产党人精神谱系的矢志不移的一贯追求。这种世界观、人生观、价值观，内化为中国共产党人的理想信念，成为坚定信仰。习近平新时代中国特色社会主义思想，"不仅包含着党治国理政的重要思想，也贯穿着中国共产党人的政治品格、价值追求、精神境界、作风操守的要求"，成为党团结带领人民不懈奋斗的精神之钙。人民是创造历史的动力。习近平新时代中国特色社会主义思想的世界观和方法论，坚持人民至上，始终把人民立场作为根本立场，把为人民谋幸福作为根本使命，坚持全心全意为人民服务的根本宗旨，坚持以人民为中心的发展思想，维护人民根本利益，增进民生福祉，不断实现发展为了人民、发展依靠人民、发展成果由人民共享，让现代化建设成果更多更公平惠及全体人民，坚定走社会主义共同富裕之路。

中国式现代化之路，生动体现和诠释了"马克思主义中国化时代化不断取得成功，使马克思主义以崭新形象展现在世界上，使世界范围内社会主义和资本主义两种意识形态、两种社会制度的历史演进及其较量发生了有利于社会主义的重大转变"，增强了科学社会主义的影响力、说服力、感召力，当之无愧地成为科学社会主义的最新重大成果。

（作者系复旦大学马克思主义学院教授）

深化对中国式现代化理论的认识

◇吕　炜

　　习近平总书记指出,党的十八大以来,我们党在已有基础上继续前进,不断实现理论和实践上的创新突破,成功推进和拓展了中国式现代化。一是在认识上不断深化,创立了习近平新时代中国特色社会主义思想,实现了马克思主义中国化时代化新的飞跃,为推进中国式现代化提供了根本遵循。二是进一步深化对中国式现代化的内涵和本质的认识,概括形成中国式现代化的中国特色、本质要求和重大原则,初步构建中国式现代化的理论体系,使中国式现代化更加清晰、更加科学、更加可感可行。三是在战略上不断完善,深入实施科教兴国战略、人才强国战略、乡村振兴战略等一系列重大战略,为推进中国式现代化提供坚实战略支撑。四是在实践上不断丰富,推进一系列变革性实践、实现一系列突破性进展、取得一系列标志性成果,推动党和国家事业取得历史性成就、发生历史性变革,为推进中国式现代化提供了更为完善的制度保证、更为坚实的物质基础、更为主动的精神力量。

　　党的二十大报告提出,从现在起,中国共产党的中心任务是团结带领全国各族人民全面建成社会主义现代化强国、实现第二个百年奋斗目标,以中国式现代化全面推进中华民族伟大复兴。为了更好学习贯彻党的二十大精神,不断拓展和深化对中国式现代化理论的认识,必须坚持和把握好以下方面。

一是始终坚持以习近平新时代中国特色社会主义思想为指导,这是不断深化对中国式现代化理论认识的根本遵循。习近平新时代中国特色社会主义思想是坚定自觉把坚持马克思主义基本原理同中国具体实际相结合、同中华优秀传统文化相结合的时代产物,是坚定自觉在实践基础上勇于推进理论创新的重大成果,以全新的视野深化了对共产党执政规律、社会主义建设规律、人类社会发展规律的认识,实现了马克思主义中国化时代化新的飞跃。推进中国式现代化是一个系统工程、一项前无古人的开创性事业,既需要正确处理好顶层设计与实践探索、战略与策略、守正与创新、效率与公平、活力与秩序、自立自强与对外开放等一系列重大关系,也需要在实践中通过改革创新不断推动各项事业发展,其间必然会遇到各种可以预料和难以预料的风险挑战、艰难险阻甚至惊涛骇浪,坚持好、运用好习近平新时代中国特色社会主义思想,是在深入推进中国式现代化实践中深化对中国式现代化理论认识的根本遵循。

二是始终坚持中国式现代化是中国共产党领导的社会主义现代化的本质特征,这是不断深化对中国式现代化理论认识的根本立场。实现中华民族伟大复兴是近代以来中国人民的共同梦想,中国共产党领导探索和开辟的中国式现代化道路是历史的选择。开辟中国式现代化道路的历史成就和经验充分证明,中国式现代化的成功奥秘在于中国共产党的领导。党的领导直接关系中国式现代化的根本方向、前途命运、最终成败。中国式现代化理论是中国共产党在百年奋斗历程中团结带领全国各族人民实现中华民族伟大复兴伟业历史和实践的理论成果，当然也必须坚持和反映这个历史和实践的最本质特征——中国共产党的领导，这也是中国式现代化理论的政治特征和鲜明底色。

三是深刻把握中国式现代化既遵循现代化一般规律，更符合本国实际、具有本国特色的辩证关系。中国式现代化首先是中国的，同时也是世界的。中国式现代化只有是中国的，才能是世界的。中国式现代化是符合中国国情、具有中国特色的现代化，因而如同其他国家在其初始条件、制度约束和实践道路等因素下会呈现出明显的现代化独特形式一样，中国式现代化也必然有自己在制度、道路和内涵上的特殊性。深化对中国式现代化理论的认识，必须深刻把握中国式现代化道路的普遍性与特殊性相统一、普遍性寓于特殊性的辩证关系，既要深刻阐释中国式现代化对摒弃西方以资本为中心、两极分化、物质主义膨胀、对外扩张掠夺的现代化发展老路，打破"现代化＝西方化"迷思的深刻意义，也要深刻阐释中国式现代化为人类现代化探索展现另一幅图景，拓展了发展中国家走向现代化的路径选择，为人类对更好社会制度的探索提供了中国方案的普遍意义。

四是深刻把握中国式现代化理论指导中国式现代化实践，并在这一实践基础上不断丰富中国式现代化理论的认识论和方法论。每个时代总有属于它自己的问题，只要科学认识、准确把握、正确解决这些问题，就能够把我们的社会不断推向前进。正是坚持"两个结合"、勇于理论创新，始终着眼解决新时代改革开放和社会主义现代化建设的实际问题，努力作出符合中国实际和时代要求的正确回答，我们党才能进一步深化对中国式现代化的内涵和本质的认识，为以中国式现代化全面推进中华民族伟大复兴提供了科学的理论指导。然而，推进中国式现代化仍面临着一系列新的战略环境和机遇挑战，在实践过程中还会遇到层出不穷的问题或矛盾。这就更加需要深刻把握中国式现代化理论的认识论和方法论，在新时代新征程中勇于推进理论创新，不断丰富和发展中国式现代化理论。

（作者系东北财经大学中国特色社会主义
理论体系研究中心研究员）

正确理解和推进中国式现代化

◇刘守英

现代化是一个世界性现象,是人类社会在政治、社会、文化、价值、思想等方面的全方位转型。习近平总书记指出,"中国式现代化是中国共产党领导全国各族人民在长期探索和实践中历经千辛万苦、付出巨大代价取得的重大成果,我们必须倍加珍惜、始终坚持、不断拓展和深化"。

遵循现代化的一般规律

中国式现代化遵循现代化一般规律,具有各国现代化的共同特征。

一是发展变革的共性。新中国成立70余年来,中华民族迎来了从站起来、富起来到强起来的伟大飞跃,中国的社会生产力得到极大解放和发展,经济实力和综合国力显著增强,实现了从低收入国家向中低收入国家、再到中高收入国家的跃升,走完了发达国家几百年走过的工业化进程,实现了从落后农业国到现代化工业国的伟大跨越。

二是制度变革的共性。中国共产党"勇于改革创新,不断破除各方面体制机制弊端,为中国式现代化注入不竭动力",以新民主主义制度消灭封建制度、确立社会主义基本制度、实现中华民族广泛而深刻的社会变革,以社会主义计划经济体制建立完善的工业体系和国民经济体系,以社会主义市场经济体制实现从生产力相对落后到经济总量跃居世界第二的历史性突破,中国特色社会主义体制成熟定型为建设社会主义现代化国家奠定了制度基础,开创了社会主义现代化的新境界。

三是价值引领的共性。中国共产党借鉴吸收人类文明的优秀成果,坚持将马克思主义作为指导思想,提出了充分关注社会成员利益诉求和价值愿望、妥善处理思想意识和价值观念冲突的社会主义核心价值体系,凝聚起建设社会主义现代化国家的精神力量。

四是和谐共生的共性。中国式现代化注重资源环境保护和发展方式转变,逐渐将创新作为推动经济发展的第一动力。中国在创新驱动发展的基础上实施绿色低碳发展战略,逐步实现从资源消耗、环境污染和生态破坏向绿色发展、和谐共生的转变。

五是全球开放的共性。改革开放以来,中国抓住经济全球化机遇,深度融入国际分工体系并参与国际循环。进入新时代,中国统筹国内国际两个大局、不断优化对外开放格局,为打造开放型世界经济作出了重要贡献。

充分彰显中国特色和国情

不同国家的初始条件、制约因素不同,现代化的方式和特征也不一样。中国式现代化的独特性，体现在中国共产党依据其特质和作用，一以贯之地通过体制建构与体制变革破除制约生产力发展的因素条件，实现了赶超型的现代化发展。

一方面，中国共产党的领导直接关系中国式现代化的根本方向、前途命运、最终成败。一是伟大的价值追求。中国共产党始终肩负着"为中国人民谋幸福，为中华民族谋复兴"的历史使命。正是这一使命感，使中国共产党在布满荆棘的现代化征程中，克服难以想象的风险、挑战、难题，创造出举世瞩目的现代化发展奇迹。二是独特的组织力。中国特色社会主义制度的最大优势是中国共产党在领导国家现代化和发展谋局中的核心地位，中国共产党依靠民主集中制解决了组织的议事决事难题，依靠自我监督和自我净化保持了组织的生命力。三是卓越的领导力。中国共产党通过把马克思主义同中国具体实际、同中华优秀传统文化相结合，正确制定党的纲领、道路、路线、方针、政策，保证了组织的凝聚力和先进性，保持和增进了推进中国式现代化的领导力。

另一方面，以体制革新实现现代化赶超。一是以新民主主义制度促进农业国的转型。中国共产党通过新民主主义制度的选择与建构，积累经济结构中的社会主义因素，以此为社会主义经济结构的建立奠定物质基础和条件，实现了从农业国向工业国转型。二是以社会主义制度和计划经济体制推进国家工业化。社会主义制度确立之后，中国共产党选择了高度集中的计划经济体制，以农业集体化将农业剩余转化为国家工业化资本积累，实现了以国家工业化加快建立国民经济体系的经济发展战略。三是以社会主义市场体制改革推进中国式现代化。改革开放以后，中国共产党积极探索社会主义市场经济体制，充分调动各方面积极性，提高资源配置效率，为推进中国

式现代化提供制度保障。四是以新时代中国特色社会主义制度体系
建设社会主义现代化国家。进入新时代,中国共产党推动中国特色
社会主义制度更加成熟、更加定型,创立了习近平新时代中国特色社
会主义思想,实现了马克思主义中国化时代化新的飞跃,为推进中国
式现代化提供了根本遵循。

因此,中国式现代化展现了不同于西方现代化模式的新图景,是
一种全新的人类文明形态,拓展了发展中国家走向现代化的路径,为
人类对更好社会制度的探索提供了中国方案,为发展中国家自力更
生走向现代化提供了全新选择。

奋力推进中国式现代化

党的二十大报告不仅对全面建设社会主义现代化国家作出战略
安排,明确到 2035 年基本实现社会主义现代化、到 2050 年把我国建
设成为富强民主文明和谐美丽的社会主义现代化强国,还就中国式
现代化的科学内涵进行概括,指出中国式现代化是人口规模巨大的
现代化、是全体人民共同富裕的现代化、是物质文明和精神文明相协
调的现代化、是人与自然和谐共生的现代化、是走和平发展道路的现
代化,进而为全面建成社会主义现代化强国、实现中华民族伟大复兴
指明方向。而在这一新征程中,我们必须"守好中国式现代化的本
和源、根和魂,毫不动摇坚持中国式现代化的中国特色、本质要求、重
大原则,确保中国式现代化的正确方向",必须坚持统筹兼顾、整体
推进的系统观念,必须具有大胆探索、勇于开拓的创新精神,必须增
强居安思危、未雨绸缪的忧患意识。在此基础上,我们必须正确把握

人口规模巨大这一基本国情,通过共同富裕实现全体人民生活质量的全面提升和让全体人民共享经济发展成果,在物质文明发达的基础上创造高度发达的社会主义精神文明、实现中华优秀传统文化的创造性转化与创新性发展,通过生态文明建设推进绿色发展、循环发展、低碳发展,积极推动构建人类命运共同体,不断拓展中国式现代化的发展空间。

（作者系中国人民大学经济学院教授）

理解中国式现代化的三个维度

◇周　文

　　习近平总书记在学习贯彻党的二十大精神研讨班开班式上发表重要讲话，深刻阐述了中国式现代化的一系列重大理论和实践问题，必将指引全党和全国人民正确理解、大力推进中国式现代化，继续为实现中华民族伟大复兴开辟光明前景。

打破"现代化＝西方化"迷思

　　回望历史烟云，当西方国家率先登上现代化列车，当欧美列强用坚船利炮打开别国大门，所谓"先进文明""落后文明"的论调、"现代化就是西方化"的迷思逐渐成为主流。过去200多年来，现代化成为西方发展经验的总结，西方现代化模式似乎成为唯一可以模仿的样本。然而，20世纪以来，很多发展中国家照搬西方模式，不仅没有实现现代化，反而失去了发展自主性，落入经济发展停滞、社会矛盾丛生、政治局势动荡的"怪圈"。可见，西方国家只是现代化的先行者，并不是现代化的范本，更不是衡量其他国家现代化的唯一标准。

中国式现代化不是西方现代化的"翻版"。中国道路的伟大实践证明，人类社会走向现代化的道路是多元和多样的。当代中国的伟大社会变革，不是简单延续我国历史文化的母版，不是简单套用马克思主义经典作家设想的模板，不是其他国家社会主义实践的再版，不是国外现代化发展的翻版。中国坚持走中国特色社会主义道路，社会经济发展进程宏伟而波澜壮阔，只用几十年的时间就走完了西方发达国家几百年走过的发展历程，创造了人类社会发展史上惊天动地的发展奇迹，攻克了一个又一个看似不可攻克的难关，创造了一个又一个彪炳史册的人间奇迹。中国式现代化道路，坚持从国情出发、以解决现实问题为导向，同时以世界眼光和开放心态积极吸收借鉴一切有益经验，由此取得的举世瞩目成就，是发展中国家独立自主走符合自己国情的现代化发展道路的成功。

开拓现代化新图景新境界

从世界近代史来看，"国强必霸"似乎是现代化难以摆脱的一个魔咒。但中国式现代化坚决不走西方国家对内掠夺压榨、对外殖民扩张的殖民主义老路，而是破除西方国家掠夺剥削他国的资本主义现代化窠臼，走出一条和平崛起、互利共赢的和平发展道路。中国从一个积贫积弱的国家发展成为世界第二大经济体，靠的不是对外军事扩张和殖民掠夺，而是中国共产党团结带领勤劳勇敢的中国人民锲而不舍、赓续接力，付出超乎想象的艰辛努力，依靠勤劳智慧苦干实干拼搏得来的。中国以自身发展维护世界和平，中国式现代化是致力于实现世界和平和睦和谐的现代化；中国还积极以自身发展带动他国发展,中国式现代化不是牺牲别人发展自己的现代化,而是合作共赢、共同发展、促进世界发展繁荣的现代化。

可见,现代化不是西方经典模式的单选题,而是世界各国共同探索的开放题;现代化也不是资本主义模式的单行道,而是人类文明争相绽放的百花园。中国是拥有 5000 多年文明史、人口数量众多、世界上最大的发展中国家,中国式现代化不存在现成的既定答案,只会产生于脚踏实地的探索中;中国式现代化也不需要外来的所谓"标准答案",人类社会现代化注定会留下中国道路的辉煌篇章。习近平总书记强调,现代化并没有固定模式,适合自己的才是最好的,不能削足适履。中国式现代化的成功表明:没有任何一种发展模式适合所有国家,人类社会并不存在放之四海而皆准的发展道路。中国式现代化是一条行之有效又可资借鉴的现代化道路,拓展了发展中国家走向现代化的新途径,为人类对更好社会制度的探索提供了中国方案。

既发展自身又造福世界

当代中国正在进行着人类历史上最为宏大而独特的实践创新。中国式现代化向世人展示了中国共产党团结带领中国人民,通过不懈探索和艰苦奋斗,把一个积贫积弱、一穷二白的国家建设成为全面小康、繁荣富强国家的壮美画卷。如今,中国的面貌、中国人民的面貌发生了翻天覆地的变化,中华民族迎来了从站起来、富起来到强起来的伟大飞跃,社会主义中国巍然屹立于世界东方,向世界展现了一派欣欣向荣的气象,彰显了中国式现代化的强大生机和活力。

新中国成立 70 多年来特别是改革开放 40 多年来的伟大进程，不仅维护了世界和平稳定，为世界人民提供了巨大的物质财富，还有力推动了国际分工体系深化，促进了世界经济繁荣发展，增进了世界各国人民福祉。中国式现代化正置于经济全球化大潮之中，置于世界百年未有之大变局之中，携手世界人民积极构建人类命运共同体，践行共商共建共享的全球治理观；中国式现代化不断创造和发展人类文明新形态，为世界之治贡献中国智慧、提供中国方案。中国式现代化道路不但以举世瞩目的伟大成就发展自身，而且积极通过开放合作、互利共赢造福世界。历史和实践充分证明，中国式现代化道路不仅走得通、行得稳，而且越走越宽广。在全面建设社会主义现代化国家新征程上，坚持以中国式现代化全面推进中华民族伟大复兴，一定能够不断创造新的发展奇迹，为发展自身和造福世界作出更大贡献。

(作者系复旦大学特聘教授)

中国式现代化的重大理论创新

◇丰子义

习近平总书记在学习贯彻党的二十大精神研讨班开班式上发表的重要讲话强调,"概括提出并深入阐述中国式现代化理论,是党的二十大的一个重大理论创新,是科学社会主义的最新重大成果"。对于这一重大理论创新,习近平总书记在讲话中既有一以贯之的强调,又有新的阐述,是对中国式现代化理论的极大丰富和发展。深刻领会和把握这一重大理论创新,对于推进中国式现代化的理论与实践,具有十分重要的意义。

中国发出了现代化研究强音。近代以来,现代化成为人类社会发展的主旋律。作为人类社会进步和发展的重要阶段,"现代化之路"被逐渐证明为人类社会发展的趋势,也正在成为众多国家谋求繁荣富强的奋斗目标。现代化的实践需要现代化的理论。但长期以来,世界上盛行的基本上是西方现代化理论和话语,现代化追求的价值和目标、实现的途径和方法、立论的基础和前提等,主要是由西方人制定的;现代化研究中的各种议题和问题,也主要是由西方国家提出的,而答案和主流意见自然是由西方国家主导的。发展中国家虽然也程度不同地参与现代化的研究和讨论,但因发展实力所限,发出的声音是微弱的。然而,中国式现代化的发展明显改变了这种状况。中国式现代化理论的提出,打破了西方现代化理论居高临下乃至一家独霸的局面,在现代化研究中发出了中国强有力的声音,现代化理论呈多样化发展势头。其意义就在于打破了"现代化＝西方化"的迷思,展现了现代化的另一幅图景,拓展了发展中国家走向现代化的路径选择,为人类对更好社会制度的探索提供了中国方案。中国式现代化理论的提出,不仅拓展了中国式现代化的实践路径,而且将深刻影响世界现代化理论的创新与发展。

形成中国式现代化的基本理论建构。党的十八大以来,我们党成功推进和拓展了中国式现代化,同时形成了中国式现代化的基本理论建构。在指导思想上,创立了习近平新时代中国特色社会主义思想,实现了马克思主义中国化时代化新的飞跃,为中国式现代化提供了根本遵循;在对中国式现代化内涵和本质的认识上,概括提炼出中国式现代化的中国特色、本质要求和重大原则,对现代化的基本问题作了深刻阐释,从而使中国式现代化更加清晰、更加科学、更加可感可行;在目标与战略上,不仅令发展的目标任务更为明确,而且使发展战略更为完善,亦即深入实施科教兴国战略、人才强国战略、乡村振兴战略等一系列重大战略,为中国式现代化提供坚实战略支撑。这一理论体系显然不是简单套用马克思主义经典作家设想的模板,也不是国外现代化发展的翻版,而是中国人自己经过伟大奋斗实践的理论创造,是现代化理论的创新突破。

现代化理论的"中国特色"。中国式现代化理论与实践的"中国特色",与现代化一般规律是内在统一的。习近平总书记在讲话中指出,"一个国家走向现代化,既要遵循现代化一般规律,更要符合本国实际,具有本国特色。中国式现代化既有各国现代化的共同特征,更有基于自己国情的鲜明特色"。就世界现代化的历史进程来看,现代化确实具有一些规律性的东西可以遵循。例如:经济上要从自然经济转向市场经济、从农业文明转向工业文明,走向市场化、工业化;政治上要用民主主义取代封建专制、以法治代替人治,走向民主化、法治化;文化上要用启蒙冲决蒙昧,用科学民主取代宗教统治,走向理性化、世俗化等,这些均可视为现代化发展所体现出来的规律性共识。但是,这样一些规律性的东西,在各个国家究竟是以什么样的方式具体实现和体现的,则是由不同国家的实际情况决定的。正是不同国家的发展状况与现代化一般规律的交互作用,形成了不同的发展道路与发展方式。对中国而言,中国式现代化没有离开世界现代化的一般规律,没有离开世界现代文明大道。中国式现代化是紧密结合中国实际,根据中国国情走出来的,即从现代化发展规律的"一般"与中国具体实际的"特殊"的结合上走出来的。中国式现代化理论也是如此,它既遵循现代化发展的一般规律,并借鉴吸收世界现代化研究的优秀成果以及一切人类优秀文明成果,又立足于中国发展的实际,因而总体上体现的是世界眼光、中国智慧。

中国式现代化理论将深化现代化一般规律性认识。作为事物内在的本质的联系,社会发展规律不同于自然规律固定不变,而是在不断深化的社会实践中发展的。伴随中国式现代化实践的深入推进和中国式现代化理论的深入研究,我们对现代化的许多规律性认识也在不断深化,结果必然使现代化理论得到丰富和发展。如中国式现代化理论所讲的中国特色、本质要求、重大原则、发展战略等,其中很多内容就涉及现代化不同方面、不同层次、不同领域的发展规律,所提出的一些观点大大扩展和深化了原有的认识,创新了原有的现代化理论。在这方面,加强对"中国经验"的总结是非常重要的。中国的发展不仅创造了举世瞩目的巨大成就,而且创造了许多成功的经验。中国经验固然源自中国的实践,有明显的特殊性,但中国经验也是在遵循规律的基础上经过创造性的实践形成的,所以又具有一定的普遍性。中国经验不仅反映了对中国式现代化的成功探索,而且也体现了对整个世界现代化的有益探索,所显示的共通性和普遍性对其他国家的现代化,尤其是发展中国家的现代化来说均具有重要的参考价值。通过对经验的提炼和概括,可以使一些经验上升到规律,从而丰富和发展原有的规律性认识。这自然是对现代化理论的一大贡献。

中国式现代化理论的提出,同时也是对人类文明的深刻变革和重大贡献。诚如习近平总书记所指出的,"中国式现代化蕴含的独特世界观、价值观、历史观、文明观、民主观、生态观等及其伟大实践,是对世界现代化理论和实践的重大创新"。这些基本观点从不同角度、不同方面赋予人类文明以新的内涵,给原有文明以新的改造和提升,因而它的提出及其伟大实践给人类文明指明了发展方向,注入了新的发展动力。伴随现代化和人类文明的深入发展,中国式现代化理论将会日益彰显独特的时代价值。

(作者系北京大学中国特色社会主义
理论体系研究中心研究员)

深入理解中国式现代化的创新突破

◇任保平

习近平总书记在学习贯彻党的二十大精神研讨班开班式上指出,党的十八大以来,我们党在已有基础上继续前进,不断实现理论和实践上的创新突破,成功推进和拓展了中国式现代化。因此,深入理解和把握中国式现代化,有必要深刻认识中国式现代化在理论、实践和战略上的创新突破。

中国式现代化的理论创新突破

党的十八大以来,我们党在中国式现代化理论层面实现了一系列创新突破,进一步丰富了习近平新时代中国特色社会主义思想。

一是在中国式现代化的性质和方向上。中国共产党领导的社会主义现代化,一方面强调了坚持党的领导是中国式现代化的根本属性、标志性特征;另一方面,中国式现代化是社会主义现代化,打破了"现代化＝西方化"的迷思,展现了社会主义现代化的新图景。习近平总书记指出,党的领导激发建设中国式现代化的强劲动力,为中国式现代化注入不竭动力。

二是在中国式现代化的中心任务上。实现中华民族伟大复兴是近代以来中国人民的共同梦想，中国共产党的中心任务就是团结带领全国各族人民全面建成社会主义现代化强国，从我国进入新发展阶段面临的新的战略机遇、新的战略任务、新的战略阶段、新的战略要求、新的战略环境出发，以中国式现代化推进中华民族伟大复兴，提出了中国式现代化的中心任务是推进中华民族伟大复兴。

三是在中国式现代化的中国特色上。中国式现代化是世界性和民族性的统一，世界性是指中国式现代化具有各国现代化的共同特征，民族性是指中国式现代化更有基于自己国情的中国特色。人口规模巨大、全体人民共同富裕、物质文明和精神文明相协调、人与自然和谐共生、走和平发展道路的中国式现代化五大特征充分彰显了中国式现代化的中国特色。

四是在中国式现代化的本质要求上。党的二十大报告提出的坚持中国共产党领导、坚持中国特色社会主义、实现高质量发展、发展全过程人民民主、丰富人民精神世界、实现全体人民共同富裕、促进人与自然和谐共生、推动构建人类命运共同体、创造人类文明新形态这九个方面，是对中国式现代化本质要求做出的全面概括。

五是在中国式现代化的重大原则上。推进中国式现代化，是一项前无古人的开创性事业，必然会遇到各种可以预料和难以预料的风险挑战、艰难险阻甚至惊涛骇浪。这就要求牢牢把握坚持和加强党的全面领导、坚持中国特色社会主义道路、坚持以人民为中心的发展思想、坚持深化改革开放、坚持发扬斗争精神五大原则。

六是在创造人类文明新形态上。中国式现代化要求物质文明、精神文明、政治文明、社会文明和生态文明相协调，拓展了发展中国家走向现代化的途径和模式,为解决人类发展面临的共同问题贡献了中国智慧和中国方案,并由此创造了人类文明新形态。

中国式现代化的实践创新突破

第一,坚持以人民为中心的中国式现代化实践创新突破。中国式现代化道路始终坚持以人民为中心,注重提升人民群众的获得感、幸福感、安全感。历史性消除绝对贫困,如期全面建成小康社会。抓住人民最关心最直接最现实的利益问题,采取更多惠民生举措。完善分配制度,扎实推动共同富裕,致力于增加低收入者收入,扩大中等收入群体,规范财富积累机制。让改革发展成果更多更公平惠及全体人民,坚持以人民为中心推动中国式现代化行稳致远。

第二,推进高质量发展的中国式现代化实践创新突破。高质量发展是全面建设社会主义现代化国家的首要任务,中国式现代化是经济社会高质量发展的现代化。这就要求在实践上坚持以推动高质量发展为主题,完整准确全面贯彻新发展理念,构建高水平社会主义市场经济体制,坚持高水平对外开放,加快构建新发展格局,建设现代化经济体系,从而在高质量发展上迈出了重大步伐。

第三,以深化改革推进中国式现代化的实践创新突破。完善和发展中国特色社会主义制度,建立更完备的制度体系。以供给侧结构性改革为主线,推进全面深化改革,进一步解放和发展社会生产力,提高经济增长的质量和数量。围绕使市场在资源配置中起决定性作用和更好发挥政府作用,深化经济体制改革,实现有效市场和有为政府的紧密结合。转变政府职能,深化行政体制改革,创新行政管理方式,不断提高治理效能。

第四,以并联式推进中国式现代化的实践创新突破。中国式现代化是"并联式"推进,而不是西方现代化的"串联式"推进。西方国家在 200 多年时间里实现工业化、城镇化、农业现代化、信息化依次发展的串联式现代化。中国的"并联式"发展则推动工业化、信息化、城镇化、农业现代化的任务叠加和同步发展,推动信息化与工业化深度融合、工业化与城镇化良性互动、城镇化与农业现代化相互协调。

第五,推进国家治理体系和治理能力现代化的实践创新突破。党的十八届三中全会把"完善和发展中国特色社会主义制度,推进国家治理体系和治理能力现代化"作为全面深化改革的总目标。党的二十大报告进一步提出要"推进国家安全体系和能力现代化"。如果说工业、农业、国防和科学技术的现代化属于经济基础层面的现代化,那么国家治理体系和治理能力现代化属于上层建筑层面的现代化。

中国式现代化的战略创新突破

我国深入实施科教兴国战略、人才强国战略、乡村振兴战略等一系列重大战略,为中国式现代化提供了坚实战略支撑。一是创新驱动发展战略。科技创新是提高社会生产力和综合国力的战略支撑,必须摆在国家发展全局的核心位置。实施创新驱动发展战略,必须提高自主创新能力,构建以企业为主体、市场为导向、产学研相结合的技术创新体系,加快科技体制机制改革创新,在战略上为推进中国式现代化提供创新动力。二是科教兴国战略。教育、科技、人才是全面建设社会主义现代化国家的基础性、战略性支撑。实施教育、科技和人才"三位一体"的科教兴国战略,能够为推进中国式现代化提供教育、科技和人才战略支持。三是人才强国战略。党的二十大报告指出,必须坚持科技是第一生产力、人才是第一资源、深入实施人才强国战略,不断塑造发展新动能新优势。中国式现代化强调尊重人才、完善人才战略布局,加快建设世界重要人才中心,着力形成人才国际竞争的比较优势,把优秀人才集聚到党和人民事业中来。四是乡村振兴战略。全面建设社会主义现代化国家,最艰巨最繁重的任务仍然在农村。党的二十大报告指出,要坚持农业农村优先发展,坚持城乡融合发展,畅通城乡要素流动,加快建设农业强国,体现了全面推进乡村振兴在中国式现代化进程中的地位和意义。

习近平总书记指出,推进中国式现代化是一个系统工程,需要统筹兼顾、系统谋划、整体推进,正确处理好顶层设计与实践探索、战略与策略、守正与创新、效率与公平、活力与秩序、自立自强与对外开放等一系列重大关系。这就要求我们深入理解中国式现代化在理论、实践和战略上的创新突破,并以这些创新突破为在新征程中推动中国式现代化提供根本遵循和科学指南,进而为以中国式现代化推进中华民族伟大复兴提供理论指导。

(作者系南京大学数字经济与管理学院教授)

中国式现代化的先进本质

◇唐正东

党的二十大报告深刻地阐释了中国式现代化的科学内涵、本质要求和重大原则。在学习贯彻党的二十大精神研讨班开班式上，习近平总书记指出，"中国式现代化，深深植根于中华优秀传统文化，体现科学社会主义的先进本质，借鉴吸收一切人类优秀文明成果，代表人类文明进步的发展方向"。

展现鲜明的人民性特征。马克思主义认为，实践活动归根到底是人民群众的社会实践，而不可能是一小部分人的所谓"自主实践"。这便决定了科学社会主义在目的、路径、主体等方面必然具有鲜明的人民属性。中国共产党人是坚持和发展科学社会主义人民性的典范。在1935年的《论反对日本帝国主义的策略》中，毛泽东同志敏锐地抓住了中国人民的新民主主义革命实践在主体、路径等方面的变化，建立广泛的抗日民族统一战线的新策略也由此而清晰地提了出来。在改革开放和社会主义现代化建设时期，邓小平同志准确地解读了中国人民的最根本利益，把实现社会主义"四个现代化"提升到"我们最大的政治"层面，从而开启了建设具有中国特色的社会主义的伟大征程。

党的十八大以来，以习近平同志为主要代表的当代中国共产党人在新的实践语境中,把科学社会主义的人民属性提升到了一个崭新高度。新时代社会主要矛盾的变化凸显了中国人民的需要从直接的物质文化需要转变到了更为丰富和全面的追求美好生活的需要,这就对中国的现代化路径提出了更高的要求。由于中国人民对美好生活的需要是指所有参加中国特色社会主义建设的劳动者共同追求美好生活、实现人的全面发展的需要,因而中国式现代化在内涵上就必然具有人口规模巨大、全体人民共同富裕、物质文明和精神文明相协调等重要内容。凡是侧重于一小部分人的现代化、只注重物的丰富性的现代化,都不是中国人民需要的现代化,当然也就不可能是中国式现代化所追求的目标。而要实现上述内容,中国式现代化在路径上就必然具有人与自然和谐共生、走和平发展道路的鲜明特征。凡是主张对自然界无限索取、对他国发展进程无理干涉的现代化路径,都无法真正满足中国人民追求美好生活的需要,从而也不可能是中国式现代化的展开路径。显然,中国式现代化在新时代、新发展阶段的语境中,对科学社会主义的人民性属性作出了充分的展现和提升。

坚持和发展科学社会主义之科学本质。与空想社会主义的抽象性不同,科学社会主义把社会形态的发展、现代化路径的展开,放在生产方式内在矛盾运动的本质层面上来加以解读,从而赋予了社会主义理论和实践以鲜明的科学特性。当列宁在《论粮食税》中强调经济形态上的国家资本主义在当时实践语境中的有效性时,他想表明的是现实社会主义的任何一种发展形式,都不是政治家拍头脑想出来的,而是科学地概括生产方式内在矛盾运动在当时条件下的具体表现形式而形成的。毛泽东同志也是一样。在新民主主义革命阶段,他对反抗日本帝国主义的入侵等军事活动的理解,是放在取消妨碍中国生产力发展的旧政治、旧军事力量的视域中来加以展开的。

正因为有这样科学的解读视域，所以才决定了他在革命策略上能提出建立抗日民族统一战线等科学的主张。

中国特色社会主义进入新时代，习近平总书记提出的中国式现代化的科学论断，把科学社会主义的科学本质在中国的语境中更加清晰地展现了出来。社会主义生产方式的矛盾运动在当下条件下面对着诸多前所未有的复杂情况，中华民族伟大复兴的战略全局与世界百年未有之大变局交互影响，"当代中国正在经历人类历史上最为宏大而独特的实践创新，改革发展稳定任务之重、矛盾风险挑战之多、治国理政考验之大都前所未有，世界百年未有之大变局深刻变化前所未有，提出了大量亟待回答的理论和实践课题"。正因为如此，中国式现代化始终坚持中国共产党的领导，因为这是这种现代化进程不迷失方向的前提条件。同样因为如此，中国式现代化在拥有各国现代化共同特征的同时，更有基于国情的中国特色，譬如，全体人民共同富裕、走和平发展道路等。在党的二十大报告中，习近平总书记深刻地指出，"中国式现代化的本质要求是：坚持中国共产党领导，坚持中国特色社会主义，实现高质量发展，发展全过程人民民主，丰富人民精神世界，实现全体人民共同富裕，促进人与自然和谐共生，推动构建人类命运共同体，创造人类文明新形态"。这是对中国式现代化对科学社会主义之科学本质的坚持与发展的准确概括。

代表人类文明前进方向。唯物史观的实践基础决定了现实实践活动推进到什么地方，科学社会主义的理论与实践就要发展到什么地方。当马克思在《哥达纲领批判》中强调在资本主义社会与共产主义社会之间有一个无产阶级革命专政的过渡时期，当列宁提出当时俄国还只是处在由资本主义向社会主义过渡的第一阶段的观点时，他们所凸显的都是科学社会主义的时代性本质。中国共产党人也是彰显科学社会主义之时代性的典范。当邓小平同志在"建设有中国特色的社会主义"的谈话中梳理和阐释中国的社会主义运动在当时条件下的展开方式时,他十分清晰地把握住了当时的时代背景即生产力发展水平的落后性。正因为如此,邓小平同志提出了社会主义阶段的最根本任务就是发展生产力的科学主张,这是对科学社会主义之时代性的明确贯彻与运用。

中国特色社会主义进入新时代、新发展阶段,摆在当代中国共产党人面前的一项重要任务就是准确把握新的时代背景并在此基础上创造性地呈现和发展科学社会主义的时代性本质。习近平总书记对我国发展的国内外形势作出了深刻阐释:"当前和今后一个时期,我国发展仍然处于重要战略机遇期,但机遇和挑战都有新的发展变化。"中国式现代化就是在这样的时代背景中提出的,它也必然会充分地彰显科学社会主义的时代性特征。正因为如此,在中国式现代化的前进道路上,我们必须牢牢把握以下五项重大原则,即坚持和加强党的全面领导、坚持中国特色社会主义道路、坚持以人民为中心的发展思想、坚持深化改革开放、坚持发扬斗争精神。这五项重大原则,既为中国式现代化指明了根本方向、提供了制度保证和根本遵循,又为中国式现代化激发了强劲动力、凝聚了磅礴力量。

中国式现代化对科学社会主义先进本质的体现,是当代中国共产党人对科学社会主义理论与实践的重大发展,是科学社会主义的最新重大成果。它代表了人类文明进步的发展方向,展现的是一种全新的人类文明形态,在科学社会主义发展史上具有重大的创新性贡献。

(作者系南京大学马克思主义社会
理论研究中心、哲学系教授)

坚持系统观念与
中国式现代化的方法遵循

◇ 杨洪源

以中国式现代化全面推进中华民族伟大复兴,是中国共产党在新时代新征程的中心任务。习近平总书记在学习贯彻党的二十大精神研讨班开班式上的重要讲话中强调,我们在认识上不断深化,创立了新时代中国特色社会主义思想,实现了马克思主义中国化时代化新的飞跃,为中国式现代化提供了根本遵循。坚持系统观念,是习近平新时代中国特色社会主义思想的世界观和方法论之一,坚持好、运用好贯穿其中的立场观点方法,对于大力推进中国式现代化具有重要的指导意义。

以系统观念推进中国式现代化。唯物辩证法认为,事物是作为系统而存在、变化、发展着的,要从整体上认识问题、从结构上观察系统,用层次性分析事物、用开放性看待世界。

在革命、建设和改革的各个历史时期,中国共产党始终坚持运用系统的观点和方法,提出、分析和解决中国的现实问题。统一战线法宝、"弹钢琴"方法、"全国一盘棋"思想、"两手抓"战略方针等,皆为很好的例证。与此同时,中华优秀传统文化中的天人合一等理念,是中国人民在长期生产生活中积累的系统观的重要体现,同马克思主义系统理论具有高度的契合性。正是坚持马克思主义基本原理同中国具体实际相结合、同中华优秀传统文化相结合,形成了坚持系统观念这一重大成果。

党的十八大以来,以习近平同志为核心的党中央,立足国内国际两个大局,统筹推进"五位一体"总体布局、协调推进"四个全面"战略布局,不断根据新的时代发展和实践需要,形成了一系列新理念新思想新战略,在取得全面建成小康社会等伟大历史性成就的基础上,推动中国迈向新时代新征程。统揽"四个伟大"、全面深化改革和全面依法治国总目标、新时代强军目标、新时代坚持和发展中国特色社会主义的基本方略、新时代党的建设总要求、全面建成社会主义现代化强国的主要步骤和中心任务等,在这些带有前瞻性、全局性、战略性、整体性的布局方略中,贯穿着系统观念这个具有基础性的思想和方法。在此基础上,习近平总书记把坚持系统观念从中国经济社会发展的原则遵循,提升到新的世界观和方法论的高度,为党和国家各项事业发展提供了科学指引。

坚持系统观念的基本原则与思维能力。坚持系统观念不仅吸收了马克思主义系统理论、中国传统系统观、现代系统科学的普遍原则,即整体性、结构性、层次性、开放性,而且形成了自身的独有特色,是战略思维、历史思维、辩证思维、系统思维、创新思维、法治思维、底线思维的有机统一。

整体是系统的最显著的特征。坚持系统观念的整体性原则,强调系统中各要素之间的相互联系和相互作用,表明统一整体的功能并不等于组成部分功能的简单相加。结构是系统中诸要素相互联系、相互作用的方式。坚持系统观念的结构性原则,揭示了系统中诸要素之间的比例关系和结合方式，指明了系统功能优化的实现途径。层次是由系统科学地产生而凸显出来的新的概念范畴。坚持系统观念的层次性原则，展现了系统在不同层次上的特殊属性与活动规律，避免了对系统简化还原的片面性。任何系统都是一个开放的、发展的整体。坚持系统观念的开放性原则，显示了系统通过与外部环境的相互联系和相互作用而不断演化的特征，阐明了系统维持自身与不断发展的必要条件。

在系统观念蕴含的各项思维能力中，战略思维是首要的特征，简言之就是高瞻远瞩、统揽全局，善于从全面、根本、长远的角度认识和解决问题，把握事物发展的总体趋势与根本方向。相比于战略思维所属的横向空间维度，历史思维基于纵向的时间维度，强调以史为鉴、知古鉴今，从正反两方面历史经验教训中总结规律，从历史分析中判断未来的发展趋势。作为系统观念的重要组成部分，辩证思维是指承认、分析、解决事物中普遍存在的矛盾，善于抓住事物发展的关键和重点，全面洞察事物发展的规律。系统思维是系统观念思想方法的集中体现，强调既要着眼整体、关注结构，又要保持开放、处理复杂。所谓创新思维，就是破除迷信、超越陈规，善于因时制宜、知难而进、开拓进取，不断推进思想与实践进步。法治思维是基于对法和法治的信仰及遵守，自觉运用法治理念、原则、逻辑来认识、分析和解决问题的一种思维方式。底线思维，概言之就是分析事物和处理问题时要留有充分余地，从最坏处准备，从最好处着手，善于做好转化争取工作，牢牢掌握主动权。

拓展中国式现代化发展空间。必须坚持以系统观念为遵循，从而更好地进行前瞻性思考、全局性谋划、战略性布局、整体性推进，正确处理好一系列重大关系问题。

要以系统思维把握全局,正确处理好顶层设计与实践探索的关系。在深刻洞察世界发展大势、准确把握人民群众的共同愿望、深入探索经济社会发展规律的基础上,做好中国式现代化的顶层设计,使其体现时代性、把握规律性、富于创造性。

要以战略思维谋大势,正确处理好战略与策略的关系。要增强中国式现代化战略安排的前瞻性、全局性、稳定性,准确把握现代化发展的必然趋势,要把战略的原则性和策略的灵活性有机结合起来,更好地把握中国式现代化的战略主动。

要以历史思维鉴得失,正确处理好守正与创新的关系。既要毫不动摇地坚持中国式现代化的中国特色、本质要求、重大原则,确保中国式现代化的正确方向,又要总结中国式现代化过程中的经验教训,从而有助于顺应时代发展要求,解决重大理论和实践问题。

要以创新思维添动力,以法治思维保公正,正确处理好效率与公平的关系。要把创新摆在国家发展全局的突出位置,大力推进改革创新,不断塑造发展新动能新优势,充分激发全社会创造活力。既要创造比资本主义更高的效率,又要更有效地维护社会公平,更好实现效率与公平的有机统一。

要以底线思维控风险,正确处理好活力与秩序的关系。要统筹发展和安全两个大局,增强忧患意识,注重防范化解中国式现代化可能面临的重大风险挑战,贯彻总体国家安全观,健全国家安全体系,增强维护国家安全能力,坚定维护国家政权安全、制度安全、意识形态安全和重点领域安全。

要以辩证思维促发展,正确处理好自立自强与改革开放的关系。独立自主是现代化发展的前提,要坚持把国家和民族发展放在自己力量的基点上,自我牢牢掌握中国发展进步的命运。要不断扩大高水平对外开放,深度参与全球产业分工和合作,积极拓展中国式现代化的发展空间。

（作者系中国社会科学院哲学研究所研究员）

人的现代化与中国式现代化

◇冯仕政

概括提出并深入阐述中国式现代化理论是党的二十大的一个重大理论创新,是科学社会主义的最新重大成果。推进中国式现代化是一个探索性事业,还有许多未知领域需要在实践中大胆探索。其中,人的现代化是一个至关重要、必须高度重视的问题。

人的现代化是中国式现代化的题中应有之义

社会主义作为一种主义,与其他各种主义特别是资本主义的一个根本区别,就是自觉把人的全面解放和全面发展作为自己的根本追求,并提供了科学的理论阐释和实现路径。它深刻地批判资本主义体制的商品拜物教本性,致力于解决资本主义体制对人的异化。在这个意义上,促进人的现代化既是社会主义的本质要求,也是中国式现代化的本质要求,是中国式现代化打破"现代化=西方化"的迷思、展现不同于西方现代化模式的新图景、构建一种全新的人类文明形态的一个关键着力点。

近代以来,中国仁人志士在追求民族解放和国家现代化过程中已经不同程度地意识到这一点,提出了改造国民性和"作新民"等主张,但只有中国共产党正确地认识、科学地解决了这个问题。党的二十大报告明确指出,中国式现代化是物质文明和精神文明相协调的现代化,明确要求同时促进物的全面丰富和人的全面发展。易言之,必须在推进物的现代化的同时促进人的现代化,着力提高全体国民的各个方面素养。人是生产力中最活跃的因素,只有依靠基数庞大而又高素质的国民,才能更好地把握新发展阶段、贯彻新发展理念、构建新发展格局,才能源源不断地为中国式现代化提供更为主动的精神力量。

从连结到团结　走好新时代群众路线

人的现代化涉及复杂的、隐秘的内心世界和心灵过程,比物质世界和物理过程更难于发现、更不好把握。在这个问题上,破除各种困惑、解决各种问题、实现各种目标的根本遵循和法宝,还是党的群众路线。在当前,迫切需要我们根据新的历史条件,按照从连结到团结的思路走好新时代群众路线。

人在社会中生活,必然与他人发生各种物质或精神上的连结。然而,光有连结是不够的。如果失去团结这个理想,人与人的连结就可能变成相互构设陷阱,与他人的交往随时可能成为一场劫难,以致连结变成"连劫"。而另一方面,团结虽然是我们的理想,但离开群众自发的、朴素的而又充满活力的连结,勉强撮合的团结也是抽象、空洞而没有生机的,必然推而不行、行而不远,因此必须立足连结去追求团结。畅通连结才有活力,巩固团结才有秩序。只有统筹连结与团结,合理调节连结与团结之间的张力,促使连结与团结在相反中相成、在相克中相生,才能有效地兼顾活力与秩序、发展与安全。

党的群众路线的一个基本思想是尊重人民群众的历史主体地位,相信群众、依靠群众,帮助、引导和教育群众自己发现自己、自己解放自己、自己发展自己,要站在群众之中去领导群众,而不是站在群众之上去领导群众。落实到工作上,这就意味着,首先要关心群众、热爱群众、接近群众,放下身段,主动与群众建立连结,即使是群众中的落后分子,也不应鄙视和放弃。只有建立起实实在在的连结,后续的团结才有坚实的基础。其次是尊重群众在生产和生活中自发形成的各种连结,善于发现群众自发的社会连结中蕴含的价值和意愿、活力和创造、苗头和趋势,如此方能有效地集中群众智慧、获得群众信任,避免命令主义和关门主义。再次是克服尾巴主义和自流主义思想,因势制宜、见机而作,用群众可感可学的案例不断引导和教育群众向上向善,通过先进带后进、后进赶先进,最终形成既有原则又有包容、既有目标也有动能的团结。从这个角度来说,促进从连结到团结的反复迭代和良性循环,正是群众路线作为一种思想方法和工作方法的真谛所在。

这样一个过程,实际上是一个群众在党的领导下进行自我发现、自我更新、自我成长的过程,既有分头探索又有集中统一,既有领导意志又有群众参与,有目标不强迫,有尊重不放任,既严肃又活泼,既团结又紧张,接地气、有人气,是一个促进人的现代化的切实可行的办法。这需要我们更加深入地领会和发扬群众路线的基本精神,进一步完善相关体制机制,走好新时代群众路线,做好新时代人的现代化工作。

立足新征程新阶段　构建新社会格局

人都是社会中的人。只有在真实的社会环境中相互观摩、相互参照、相互激发、相互学习，人的革新才有切实、持久的动力和压力。因此，在当前，促进人的现代化，核心任务之一是把握中国式现代化在新征程和新阶段的内在要求，通过创新社会建设，着力构建新社会格局。所谓创新社会建设，可以概括为三个"新"：新定位、新内容、新手法。

首先是新定位，即要把社会治理放在新的更加突出的位置上。尽管在中国特色社会主义事业"五位一体"的总体布局中社会建设也是五个方面之一，但相对于其他四个建设来说，社会建设常常让人感觉比较茫然，在实际工作中不知道怎样落实落细，以致"讲起来很重要，忙起来就忘掉"。所谓"社会"，其实就是人与人之间自发自愿、自由自在的交往，就是人与人之间不断的连结。这样一种连结，既是活力所在，也是乱力所在，而社会建设，正是要通过从连结到团结的互动循环和反复迭代，达到不断激发活力、有效抑制乱力的目的。当前中国社会的主要矛盾是人民日益增长的美好生活需要和不平衡不充分的发展之间的矛盾。在发展不平衡的诸多表现中，一个非常关键而又常常被忽视的不平衡就是经济发展与社会发展的不平衡，即相对于经济的高速发展，社会发展严重滞后、很不充分。"经济"腿长、"社会"腿短的结果，是社会总体环境即"社会关系的总和"欠佳，长此以往，不仅影响人的现代化，而且物的现代化也可能后继乏力，经济的高质量发展可望而不可及。

其次是新内容，即社会建设的重心要从面向"小社会"的"小建设"转向面向"大社会"的"大建设"，从连结转向团结。以前，社会建设主要面向"小社会"，基本任务针对社会短板拾遗补缺，主要功能是连结，即保证社会弱势群体不流泪、不掉队，能够跟上整个社会的节奏。下一步，社会建设在做好"小建设"的同时，要进一步扩展到"大建设"，即把社会的各个板块、人群、阶层等，更好地衔接和耦合起来，形成一个更流畅、更完整的社会系统。"大建设"的主要任务是在板块之间、人群之间、阶层之间穿针引线，着力消除互怼和内卷，增进整合和团结，能够更好地协同创新。只有在这样的大循环和大团结中，人的现代化，包括困难群体的现代化才是可能和可持续的。

最后是新手法，即社会建设要从"为社会"逐渐转向"靠社会"。在以往的社会建设中，大包大揽的现象比较突出，"社会"常常只是一个等待被服务的对象，是一个个孤立的、静止的点，群众的参与度严重不足。这就是"为社会"。而所谓"靠社会"，就是要让群众更多地参与社会建设，从而把"社会"从一个个静止的对象和点变成一个动态的、活跃的、纵横交错的过程。关于社会建设和社会治理，我们最早只讲"共建"和"共享"，后来又加了一个"共治"，目的就是要促进群众参与。对人的现代化来说，社会参与非常重要：一是丰富的社会参与意味着丰富的社会连结和团结，可以增进一个人的社会生活，充实一个人的社会属性和本质；二是可以实际地了解社会各色人等之间的关系，从而更加准确、冷静、平和地追求权利、承担义务，增进与他人合作的意愿和能力；三是社会参与也是相互激发和相互学习的过程，有助于锻炼意志、培养能力、完善人格，促进人的发展。

总之，人的现代化是中国式现代化中一个非常重要的内容。我们要按照中央关于中国式现代化的阐述和要求，创造性地践行党的群众路线,不断创新社会建设、着力构建新社会格局,在不断厚植现代化的物质基础、不断夯实人民幸福生活的物质条件的同时,不断促进人的现代化,实现人的全面发展。

(作者系中国人民大学社会与人口学院教授)

现代化的一般性和中国式

◇ 洪银兴

习近平总书记强调,一个国家走向现代化,既要遵循现代化一般规律,更要符合本国实际,具有本国特色。中国是在社会主义国家推进现代化,是在发展中的大国推进现代化。从中国的国情出发,走出一条有别于西方式的现代化道路,既要发挥自己的后发优势,更要发挥自己的制度优势。正如习近平总书记所指出的,推进中国式现代化是一个探索性事业,还有许多未知领域,需要我们在实践中去大胆探索。每个国家的现代化都会打上不同社会制度和不同发展阶段的烙印。推进中国式现代化的关键是要明确现代化的一般规律、共同特征和符合中国国情的特色,从而明确中国式现代化的方向和道路。

中国式现代化的目标

中国式现代化的目标不可能是西方现代化的"翻版",但承认现代化的一般规律和国际标准,主要反映在经济和科技发展水平上。首先是人均 GDP 水平。邓小平同志提出"中国式的现代化"概念时,就把基本实现现代化的具体目标定在中等发达国家水平上。党的二十大进一步将人均国内生产总值达到中等发达国家水平作为2035年基本实现现代化的目标。其次是科技水平,库兹涅茨把进入现代经济增长时代的标志明确为科学被广泛地运用于经济生产领域。科技水平直接反映现代化水平。最后是人民消费水平和社会发展水平,收入水平就是库兹涅茨所讲的,受制于分配的各种收入的提高几乎与国民总产值的提高并驾齐驱,收入差距趋向缩小,即倒 U 型曲线。消费水平即罗斯托所讲的高额群众消费阶段和追求生活质量阶段,前者指的是社会进入工业高度发达的时期,汽车、耐用消费品广泛推广使用。后者涉及自然(居民生活环境的美化和净化)和社会(教育、卫生保健、交通运输、生活服务、社会风尚、社会秩序)两个方面,与医疗、教育、文化娱乐、旅游有关的服务部门加速发展,成为主导部门。

中国式现代化是中国共产党领导的社会主义现代化。其目标设定不只反映上述一般性要求,更要反映社会主义要求。与以资本为本的西方现代化不同,中国式现代化以人民为中心,体现了人民至上。主要表现为:第一,满足人民美好生活需要,即高品质生活。实现幼有所育、学有所教、劳有所得、病有所医、老有所养、住有所居、弱有所扶,建成世界上规模最大的教育体系、社会保障体系、医疗卫生体系,人民群众获得感、幸福感、安全感更加充实、更有保障、更可持续。第二,全体人民共同富裕。中国式现代化与西方现代化的最大区别就在于与共同富裕同时推进,不是富裕一部分人,而是富裕全体人民。无论是最终目标还是在实现进程中都不能出现"富者累巨万,贫者食糟糠"的现象,既要创造比资本主义更高的效率,又要更有效地维护社会公平,实现效率与公平相兼顾、相促进、相统一。第三,促进人的现代化。现代化不能只见物质不见人。与西方单纯追求物质层面的现代化不同,中国式现代化是物质文明与精神文明相协调,不断促进人的全面发展的现代化。第四,根据建成富强民主文明和谐美丽的社会主义现代化强国目标,推动物质文明、政治文明、精神文明、社会文明、生态文明协调发展,进而创造人类文明新形态。

中国式现代化的进程

对以二元结构为特征的发展中国家来说,现代化的共同特征是,都要经过工业化和城市化过程,依靠非农部门的份额持续上升,现代部门迅速增长并通过各种链条带动经济中其他方面的增长。我国也不例外,但中国式现代化与西方现代化的进程截然不同。习近平总书记指出:"我国现代化同西方发达国家有很大不同。西方发达国家是一个'串联式'的发展过程,工业化、城镇化、农业现代化、信息化顺序发展,发展到目前水平用了二百多年时间。我们要后来居上,把'失去的二百年'找回来,决定了我国发展必然是一个'并联式'的过程,工业化、信息化、城镇化、农业现代化是叠加发展的。"可见,"四化"的并联式发展是基于中国实践总结出的关于现代化进程的中国经验,工业化与城镇化、农业现代化同步推进,工业化同信息化融合发展,使我国用几十年时间走完了西方发达国家几百年走过的工业化历程,创造了经济快速发展和社会长期稳定的奇迹,为中华民族伟大复兴开辟了广阔前景。

开启现代化新征程后,不仅需要准确把握"四化"在新时代的新内容,还需要根据协调发展的要求,补齐短板以实现"四化同步"。

重点是在以降低传统农业部门比重为标志的工业化,以及城镇化基本到位的基础上,"四化"有了新内容:工业化转向工业现代化、绿色化;信息化进入数字化、智能化阶段,并为其他"三化"赋能;城镇化的重点和核心转向人的城镇化,即农业转移人口的市民化。与此相应,城镇的城市化、城市的现代化成为中国式现代化的重要环节。不仅要补农业现代化的短板,还要根据党的二十大实现农业农村优先发展的要求,加快建设农业强国。而对后发地区来说,要实现现代化跨越,也需要根据"四化同步"要求,补上"四化同步"的短板,促进区域协调发展。

中国式现代化的道路

所有国家的现代化都离不开科技创新带动。现有的发达国家基本都是在三次产业革命中实现现代化。库兹涅茨把现代经济增长看作以划时代的创造发明为基础的一个过程。对于中国来说,必须紧跟新一轮科技革命和产业变革浪潮。尤其是在进入生态文明时代推进现代化,已经没有先行国家当时那种资源和生态环境禀赋。走和平发展道路的中国式现代化不可能走当年西方发达国家掠夺他国资源的道路,而是走绿色发展之路。实现绿色发展归根到底还要靠科技创新。因此,中国式现代化只能走创新发展之路。这就是习近平总书记所说的,把创新摆在国家发展全局的突出位置。

虽然库兹涅茨等经济学家都强调后发国家现代化可以利用世界范围的技术和知识存量,通过引进技术等途径进入现代经济增长阶段,但在现实中发达国家采取断供、"卡脖子"等途径,阻碍后发国家的科技进步。在构建新发展格局的过程中推进中国式现代化,需要在创新发展上有新突破,加快实现高水平科技自立自强,建立创新引领的现代产业体系。这不仅要以原创性的自主创新成果,突破发达国家的围堵和遏制,还要积极占领世界科技和产业的制高点。必须指出的是,中国式现代化的创新不能停留在跟跑层次上,而是要逐步进入并跑和领跑阶段。并跑就是与国际接轨,领跑则是与未来接轨,直接瞄准国际前沿技术取得突破性进展。实现中国式现代化的创新发展,可以利用新型举国体制,强化国家战略科技力量,在重要科技领域成为全球领跑者,在前沿交叉领域成为开拓者,尽早成为世界主要科学中心和创新高地。按此要求,创新发展的动力和战略主要体现为:根据科技是第一生产力,实施科教兴国战略;根据人才是第一资源,实施人才强国战略;根据创新是第一动力,实施创新驱动发展战略。

总的来说,中国共产党领导下的中国式现代化尊重现代化的一般规律,坚持和发展中国特色社会主义,创造和拓展了中国式现代化道路,创造了人类文明新形态,相信同样会创造发展中大国实现现代化的人类发展奇迹。

(作者系南京大学文科资深教授)

实　践　篇

推进中国式现代化是系统工程

◇项久雨

习近平总书记在学习贯彻党的二十大精神研讨班开班式上的重要讲话中强调："推进中国式现代化是一个系统工程，需要统筹兼顾、系统谋划、整体推进，正确处理好顶层设计与实践探索、战略与策略、守正与创新、效率与公平、活力与秩序、自立自强与对外开放等一系列重大关系。"这一重要论述，既从理论层面深刻阐明了中国式现代化系统工程的内涵意蕴，也从实践层面明确了全面推进中国式现代化系统工程的思维方式与重要原则，为中国共产党人正确认识和大力推进中国式现代化提供了思想指南。

中国式现代化系统工程的内涵意蕴

中国式现代化系统工程以清晰明确的战略规划为导引，以广大人民的拥护支持为根基，以科学高效的治理体系为保障，擘画了全面建设社会主义现代化国家新征程的宏伟蓝图。

清晰明确的战略规划是中国式现代化系统工程的科学导引。中国共产党通过总揽全局的系统谋划与战略布局,坚持一张蓝图绘到底,以时间为索引分别制定了未来五年发展规划、2035年基本实现社会主义现代化的远景目标以及本世纪中叶建成富强民主文明和谐美丽的社会主义现代化强国的战略目标,集中回答了中国式现代化"向何处发展"这一根本问题,彰显了中国式现代化系统工程的导向、指引与激励功能。广大人民的拥护支持是中国式现代化系统工程的牢固根基。中国共产党坚持以人民为中心的发展思想,将中国现代化建设的出发点与落脚点聚焦在人民的获得感、幸福感与安全感之上,得到了广大人民群众的拥护支持,不仅使中国共产党的长期执政地位更加稳固,更为中国共产党所制定的中国式现代化的宏伟蓝图夯实了牢固的根基。科学高效的治理体系是中国式现代化系统工程的坚强保障。国家治理体系与治理能力建设是事关党的事业兴旺发达、国家长治久安、人民安康幸福的重要任务。中国共产党在全面总结一百年来革命、建设与改革历史经验的基础上,坚持和完善中国特色社会主义制度,不断推进国家治理体系与治理能力的现代化建设,将制度优势转化为国家治理效能,为中国式现代化系统工程的高效运转提供更加健全的制度保障。

中国式现代化系统工程的思维方式

系统观念是马克思主义认识论和方法论的基本观点,也是中国共产党人的科学思维方式与重要工作方法。

推进中国式现代化系统工程要加强前瞻性思考。"明者远见于未萌,智者避危于无形。"以习近平同志为核心的党中央锚定全面建成社会主义现代化强国的奋斗目标,以前瞻性的眼光高度审视中国式现代化这一系统工程,抓住中国推动现代化发展的战略机遇期,谨慎预防现代化过程中容易遭遇的多种问题,精准把握时代发展的历史趋势,做好提前谋划,掌握历史主动,增强战略谋划的预见性,全面保障中国式现代化宏伟蓝图如期实现。

推进中国式现代化系统工程要开展全局性谋划。"不谋万世者,不足谋一时;不谋全局者,不足谋一域。"制定一个国家发展的蓝图,如果不从放眼全局而只聚焦于某一领域,往往容易顾此失彼、左支右绌,难以实现国家发展与社会进步的整体目标,更无法满足人民群众日益增长的美好生活需要。因而,推进中国式现代化这一系统工程,必须要立足大局,着眼长远,不能为了一时的、局部的利益而损害长远的、根本的利益。全面推进中国式现代化的系统工程,要提高总揽全局的科学思维能力,把握好整体与局部、眼前与长远、宏观与微观关系,既要善于从宏观维度分析研判国家发展的整体形势,也要善于从微观维度着力解决民众关心的现实问题。

推进中国式现代化系统工程要实现整体性推进。中国式现代化是一个高度耦合、系统集成的系统工程,经济、政治、文化、社会以及生态文明各个领域、各个环节紧密联系、相互作用、缺一不可。全面推进中国式现代化的系统工程,必须站在整个国家的维度谋篇布局,统筹推进"五位一体"总体布局,协调推进"四个全面"战略布局,在统筹兼顾中实现协调发展,在取长补短中提升整体效能,促使不同地区、不同民族、不同群体都能均衡享受到现代化建设的成果。在推动现代化建设的过程中要增强各项政策措施的关联性与耦合性,推动经济社会实现更加协调的发展,努力推进全体人民共同富裕取得实质性的进展。

中国式现代化系统工程的重大关系

　　中国式现代化关系到国家发展、社会安定、人民幸福等根本问题，因而在推进的过程中必须正确处理好一系列重大关系。

　　一是要处理好顶层设计与实践探索的关系。全面推进中国式现代化系统工程，既要通过科学的顶层设计引领实践探索，也要汲取实践探索的经验完善顶层设计，努力实现顶层设计与实践探索的良性互动与有机结合，进而充分凝聚起实现中华民族伟大复兴的磅礴伟力。二是要处理好战略与策略的关系。全面推进中国式现代化的系统工程，要将战略的原则性与策略的灵活性结合起来，既要坚定贯彻执行党中央的战略部署，也要在落实的过程中依据现实情况灵活调整。三是要处理好守正与创新的关系。一方面要毫不动摇地坚持中国式现代化的中国特色、本质要求与重大原则，确保现代化发展的目标导向；另一方面也要顺应时代发展要求，不断提出新的思路、新的战略、新的举措，充分激发全社会的创新创造活力，努力创造现代化发展的新动能新优势。四是要处理好效率与公平的关系。全面推进中国式现代化系统工程，一方面要坚持以人民为中心的思想，保障社会公平，让现代化建设成果更多惠及全体人民；另一方面也要努力创造比资本主义发展更高的效率，充分彰显中国特色社会主义制度的优越性，努力实现效率与公平相兼顾、相促进、相统一。五是要处理好活力与秩序的关系。秩序代表着社会的有序、稳定与和谐，而活力则彰显出社会创造力的竞相迸发与个人潜力的充分发挥。全面推进中国式现代化系统工程，要通过深化改革完善体制机制建设，最大限度地消除危险隐患、增加和谐因素,努力创造既充满活力又拥有良好秩序的社会氛围。六是要处理好自立自强与对外开放的关系。中国式现代化既有各国现代化的共同特征,更有基于自身国情的中国特色。全面推进中国式现代化系统工程,既要独立自主探索适合本国国情的现代化道路,也要不断扩大高水平对外开放,深度参与全球产业体系,充分运用国际国内两种资源拓展中国式现代化的发展空间。

（作者系武汉大学马克思主义学院教授）

推动各民族共同走向社会主义现代化

◇麻国庆

党的十八大以来,我们党成功推进和拓展了中国式现代化的理论和实践体系。正如习近平总书记所指出的,我们"初步构建中国式现代化的理论体系,使中国式现代化更加清晰、更加科学、更加可感可行"。而推动各民族共同走向社会主义现代化,正是中国式现代化的重要特征之一。

统一多民族是中国式现代化的财富和优势。"我国各民族分布上交错杂居、文化上兼收并蓄、经济上相互依存、情感上相互亲近,形成了你中有我、我中有你,谁也离不开谁的多元一体格局。一体是主线和方向,多元是要素和动力。"统一的多民族是我国的重要财富。

首先,中华民族的家园因东西海拔落差显著、南北纬度跨越较大而形成了多元的生态结构,但不同的生态结构之间又具有统一性和连贯性。这一生态结构决定了各民族在分布、文化、经济以及情感上的关系。习近平总书记在 2019 年全国民族团结进步表彰大会上强调指出,我们伟大的祖国,幅员辽阔,文明悠久,中华民族多元一体是先人们留给我们的丰厚遗产,也是我国发展的巨大优势。习近平总书记的这一重大论断,不仅指出了多民族是我国的一大特色,也是我国发展的一大有利因素,更是为全社会树立正确的祖国观、历史观、民族观、文化观、宗教观提供了根本指导。对这个重要优势的发挥,必须强调有机联系中的不同民族之间共生和适应,在同步现代化进程中进一步增进中华民族的共同性。

其次,中华民族的家园拥有丰富的自然和文化资源。民族地区是我国的资源富集区、水系源头区、生态屏障区、文化特色区、边疆地区、贫困地区。民族自治地方地域辽阔,占国土面积的64%;森林资源蓄积量占全国的47%;草原面积占全国的75%;水力资源蕴藏量占全国的66%;石油基础储量占全国的20.5%;天然气基础储量占全国的41%;煤炭基础储量占全国的36%;铬矿基础储量占全国的73.8%,铅矿、锌矿、铝土矿的基础储量都超过全国的一半;盐湖资源占全国的90%。要实现对我国资源的有效开发,各民族之间需要发挥优势,取长补短,实现互利共赢。各民族优长特点的汇聚是增强中华民族凝聚力、创造性和发展能力必不可少的条件,也是实现团结奋斗、繁荣发展的内在动力。

最后,中华优秀传统文化是中国式现代化的文化之根。中华民族伟大复兴需要以中华文化发展繁荣为条件,必须大力弘扬中华优秀传统文化。中国共产党既是中华优秀传统文化的忠实传承者和弘扬者,又是中国先进文化的积极倡导者和发展者。要用中华民族创造的一切精神财富来以文化人、以文育人,决不可抛弃中华民族的优秀传统文化。文化是一个国家、一个民族的灵魂,没有文化的繁荣兴盛,就没有中华民族的伟大复兴。我国各民族共同传承和保护了中华文化,形成了历史上多彩的农耕文化、游牧文化、绿洲文化、山地文化和渔猎文化等,各种文化之间广泛地交往交流交融,推动了中华文化向前发展。继承中华民族5000多年文明历史所孕育的优秀传统文化,提炼中国特色社会主义伟大实践中创造出来的先进文化,吸纳人类历史上各民族的文明成果,立足新时代的条件,才能不断铸就中华民族文化新辉煌,为中国式现代化谱写新篇章。

全面建设社会主义现代化国家,一个民族都不能少。中国式现代化的一个重要特征,是56个民族作为一个整体共同走向社会主义现代化。根据第七次全国人口普查数据,汉族人口为12.9亿,占91.11%;各少数民族人口为1.3亿,占8.89%。我国民族政策的终极目标是实现事实上的平等,是要消除各民族之间的发展差距。费孝通特别强调西部和东部的差距包含着民族的差距,西部的发展战略要考虑民族因素。他尤其强调,要依托历史文化区域推进经济协作的发展思路。20世纪八九十年代,费孝通对边疆地区考察的出发点就是要建立一个共同繁荣的民族大家庭,要实现这一目标就要全面促进各地的经济社会发展。他所提出的"以东支西,以西资东,互惠互利,共同繁荣"就是以促进各民族、各地区共同繁荣为出发点。分布在中国境内的各民族的经济生活一方面是各民族自身的选择结果,另一方面是各民族间互相交流的历史产物。我们必须认识这一重要关系,如此才能推进各民族同步进入社会主义现代化。

在以习近平同志为核心的党中央领导下,我国组织实施了人类历史上规模空前、力度最大、惠及人口最多的脱贫攻坚战。2021年2月25日,习近平总书记在全国脱贫攻坚总结表彰大会上庄严宣告,脱贫攻坚战取得了全面胜利,中国完成了消除绝对贫困的艰巨任务。其中,少数民族和民族地区脱贫攻坚成效显著,2016年至2020年,内蒙古自治区、广西壮族自治区、西藏自治区、宁夏回族自治区、新疆维吾尔自治区和贵州、云南、青海三个多民族省份贫困人口累计减少1560万。28个人口较少民族全部实现脱贫,一些新中国成立后"一步跨千年"进入社会主义社会的"直过民族",又实现了从贫穷落后到全面小康的第二次历史性跨越。

中国式现代化道路代表了各族人民的前途,各族人民的根本利益也在现代化进程中得以实现。这一认识已经镌刻在中华民族每一个成员的心中,是凝聚各族人民团结一心的强大动力。

各民族共同繁荣和共同富裕是中国式现代化的重要体现。"促进各民族紧跟时代步伐,共同团结奋斗、共同繁荣发展"也是各民族的共同愿望和奋斗目标。我国的民族政策是把国家的整体利益和各民族的具体利益结合起来,既有利于保障国家统一和民族团结,又有利于保障各民族共同当家作主的权利。实践已经证明,各族人民平等团结的权利得到了根本保证,结成了平等、团结、互助、和谐的新型民族关系。不断推进中华民族共同体建设,如东西协作、对口支援等举措进一步深化了中华民族大家庭内部的团结互助。在实现中华民族伟大复兴的征程上,需要继续完善民族区域自治制度,发挥多民族团结互助的优良传统,发挥社会主义制度集中力量办大事的优势,形成同心共筑中国梦的强大动力。

目前,我国社会主要矛盾已经转化为人民日益增长的美好生活需要和不平衡不充分的发展之间的矛盾。实现中华民族伟大复兴是全国各族人民的共同梦想。实现这样的伟大梦想,也不能单靠哪个民族的力量,而是要把全国各族人民凝聚到中华民族大家庭中,共同努力,共同奋斗。随着我国社会主要矛盾发生变化,我们还必须认识到:少数民族美好生活的实现是全体人民共同富裕的重要组成部分;民族地区的发展是解决发展不平衡不充分的主战场和硬骨头;特别是脱贫攻坚和乡村振兴的衔接成为现代化进程中的重要关注点。同时也要充分考虑不同民族、不同地区的实际,统筹城乡建设布局规划和公共服务资源配置，完善政策举措，营造环境氛围，逐步实现各民族在空间、文化、经济、社会、心理等方面的全方位嵌入。所以，巩固共同繁荣、共同发展的和谐民族关系是中华民族伟大复兴的重要条件，也是中华民族共同体建设的重要组成部分。

党的十八大以来，以习近平同志为核心的党中央不断加强和改进民族工作，推动民族工作取得了新的历史性成就，民族地区面貌日新月异、少数民族群众生活蒸蒸日上。这些成就的取得，根本上是因为中国共产党坚定不移走中国特色解决民族问题的正确道路，在新时代创新推进马克思主义民族理论同中国民族问题具体实际的结合。特别是习近平总书记在 2021 年中央民族工作会议上发表重要讲话，以实现中华民族伟大复兴的战略高度，全面系统阐述中国共产党在新时代关于加强和改进民族工作的重要思想，明确提出以铸牢中华民族共同体意识为主线，全面推动新时代民族工作高质量发展。这是中国共产党推进马克思主义民族理论中国化取得的又一重大成果，也是各民族共同迈向社会主义现代化的根本遵循。

（作者系中央民族大学民族学与社会学学院教授）

中国式现代化指引人类美好未来

◇李友梅

当今世界正经历百年未有之大变局,人类社会发展正处于十字路口,相较于存在多维发展隐患的西方现代化,中国共产党领导下不断推进中的中国式现代化,正在为人类追求美好未来提供新的可能性,其所内含的价值理念亦为推进人类文明发展提供了重要的指引。

中国式现代化实践破解现代化悖论

现代化发源自西欧社会,嵌入资本主义的发展中,并由此揭开了人类文明跃迁的序幕。西方现代化在全球的扩展虽然在很大程度上推动了经济的普遍发展与社会的文明进步,但也由其内部的固有矛盾而带来了诸如经济停滞、社会两极分化、区域政治冲突等问题。今天,学界已意识到伴随着现代化进程的还有诸如社会不平等、社会失序与不稳定以及焦虑、抑郁等个体社会适应问题。基于此,如何在人类文明发展与进步的同时,适时根据本国历史文化传统、国情民情来重建社会团结与整合,成为了研究者孜孜以求、不断研究的课题。

资本主义现代化的核心动能在于熊彼特所述的"创造性破坏",也正因此,强调资本积累的西方现代化一直存在着内在的张力与不稳定性。自工业革命以来,西方与诸多第三世界国家所经历的现代化道路,都存在经济发展与社会稳定难以相容的两难处境。这种发展模式往往以资本扩张为根本驱动力,国家往往为资本利益所俘获,社会自我保护能力持续受损,延宕至今可谓积弊丛生,对经济社会、生态环境、国际关系等都造成了很大破坏,形成了令人困惑的"文明化困境"。相较之下,中国共产党领导下的中国式现代化,则始终坚持中国自主发展实践,其根据中国社会运行基本规律,以人民性作为价值内核,在实践中致力于因事因时因势持续推进多主体协调、多思想凝聚、多行动协同。中国式现代化实践的重要特征是,通过构建以中国共产党领导下的人民共同体,通过在经济发展中不断重塑广大民众的共同根本利益、共同道德生活与共同政治生活,来追求和实现全民福祉。

这种经由中国式现代化而达致的人民共同体的实践,开创了人类文明新形态,也为全人类的共同进步提供了新的可能性。

中国式现代化于跨越中实现良政善治

在社会转型快速发展中,人们往往强调通过凝聚社会团结、促进社会整合、保持社会秩序良性运行来推动人类文明进步。面对现代化实践所带来的社会重建需要,韦伯强调对理性化进行分析,涂尔干强调对公民道德重建,波兰尼则发出了"保卫社会"的呼唤。他们都是试图从内在德性养成与外在规定性的社会制度的关系切入,探寻社会稳定发展的良方。然而,这种探索却因特定政治经济环境的限制而难以起到根本成效。在结构性制约过于强大的情况下,仅强调社会道德、个体行动甚至群体博弈,都难以改变整体社会发展的趋向。西方现代化进程至今都没能避开上述"文明化困境"。由此,我们需要发展出一种超越于以个体欲望以及以各种或抽象或具体的"矛盾"作为动力的发展路径,并将此践行于自身的现代化实践中。可以说,中国式现代化实践为我们破除这些现代化悖论、两难提供了新的可能。

在百年来中国革命、建设与改革发展的波澜壮阔的历史进程中,中国共产党领导全国人民从"一穷二白"中起步,不断创造人民美好生活,同时也不断调整各种社会关系,从更高的战略角度统筹国际和国内发展,以良政善治笃行不息,实现了经济快速增长和社会长期稳定这一在西方看来"不相容"的社会发展成果。中国式现代化在其自身实践中,始终坚持以党的领导为核心,统筹协调各方力量共同为人民谋幸福和为民族谋复兴;始终坚持以人民为中心作为国家各项事业的核心宗旨,聚焦人民共同体的福祉、注重对各类关系的协调、强调在不同群体间凝聚共识与认同;始终坚持以人民性引领构筑新公共性。上述努力有效地推动了社会走向良政善治。

中国式现代化内蕴着人类文明新形态

人类文明是不断演化、发展的,传统文明会走向现代文明,现代文明本身也在不断迭代发展。现代文明是多元的,不同国家和地区因为具有不同的历史文化传统和国情民情,走向现代文明的道路也是多元的,因而其各自的"现代化"有着不同的呈现。人类文明新形态的意涵就在于突破人类对西方现代化路径的迷思与依赖,为探寻人类文明发展提供新的思路与可能。

人类文明新形态的核心是"共同"价值,以及能与人类文明发展大势相契合,并造福全人类的共同发展。改革开放以来,尤其是新时代十年来,中国共产党团结带领全国人民推进全面建成小康社会的伟大实践进一步彰显了中国式现代化所内含的为人民谋幸福、为人类谋进步的历史责任。正是在此意义上,中国式现代化体现了人类发展所必须坚持的价值和理念,那就是以人民性为基底,追求和平、发展、公平、正义、民主、自由的全人类共同价值,必将为全人类更美好的未来指明方向。

（作者系上海大学社会学院教授）

中国式现代化展现现代化模式新图景

◇吴志成

习近平总书记在学习贯彻党的二十大精神研讨班开班式上的讲话,深刻揭示了中西方现代化模式的本质区别,阐释了中国式现代化对西方现代化的扬弃和超越,打破了"现代化＝西方化"的理论迷思,为我们正确认识和大力推进中国式现代化提供了思想指南,为人类对更好社会制度的探索提供了中国方案。

中国式现代化是中国共产党领导的社会主义现代化,而不是资本主义现代化。党的领导直接关系中国式现代化的根本方向、前途命运、最终成败。党的领导决定中国式现代化的根本性质,确保中国式现代化锚定奋斗目标行稳致远,激发建设中国式现代化的强劲动力,凝聚建设中国式现代化的磅礴力量。中国现代化道路的历史表明,在新中国成立特别是改革开放以来长期探索和实践基础上,经过十八大以来在理论和实践上的创新突破,我们党成功推进和拓展了中国式现代化。中国共产党没有任何自己特殊的利益,从来不代表任何利益集团、任何权势团体、任何特权阶层的利益。正是在中国共产党的领导下,中国式现代化摒弃了西方现代化所遵循的两党制或多党制和党派或利益集团争斗逻辑,摒弃了以资本为中心的西方现代化老路,始终坚持党的奋斗目标一以贯之,坚持以人民为中心的发展思想,发展全过程人民民主,充分激发全体人民的主人翁精神,取得了彪炳史册的辉煌业绩。开启新的历史征程,只有毫不动摇坚持党的领导,中国式现代化才能前景光明、繁荣兴盛;否则就会偏离航向、丧失灵魂,甚至犯颠覆性错误。

中国式现代化是独立自主探索的现代化,而不是依附他国、移植照搬的现代化。世界上既不存在定于一尊的现代化模式,也不存在放之四海而皆准的现代化标准,各国的现代化道路应该由本国人民自己选择,依附和照搬别国模式都不可能取得成功。中国式现代化道路既不是简单延续我国历史文化的母版,不是简单套用马克思主义经典作家设想的模板,不是其他国家社会主义实践的再版,也不是国外现代化的翻版,而是始终坚持独立自主、自立自强,坚持把国家和民族发展放在自己力量的基点上,坚持把我国发展进步的命运牢牢掌握在自己手中。回望过往历程,无数仁人志士怀揣现代化梦想,探索救国救民道路,但无论是中体西用,还是全盘西化,都未能挽救中华民族于危难,没有摆脱落后挨打的悲惨命运。世界上总有那么一些人和一些势力,试图按照他们的方案和标准来框定、要求发展中国家移植和照搬西方制度模式。然而,一些发展中国家和地区曾经被蛊惑煽动按照西方模式进行"颜色革命",其结果带来的是政局动荡、社会分裂乃至国无宁日。这些铁的事实和沉痛教训深刻教育我们,中国式现代化道路不仅是实现中华民族伟大复兴和中国人民幸福安康的必由之路,也是促进人类发展进步、创造人类美好未来的人间正道,为广大发展中国家独立自主迈向现代化树立了典范,给世界上那些既希望加快发展又希望保持自身独立性的国家和民族提供了全新选择。

中国式现代化是人口规模巨大的现代化,而不是中小规模国家的现代化。人口规模巨大是中国的基本国情。我国14亿多人口整体迈进现代化社会,规模超过现有发达国家人口的总和,艰巨性和复杂性前所未有,发展途径和推进方式也必然具有自己的特点。虽然现代化是世界各国的共同追求和全人类的共同事业,但是目前世界上真正实现现代化的国家和地区不超过30个、人口总数加起来不超过10亿,绝大多数国家的人口都不过亿,都属于中小规模国家,因而谈不上人口规模巨大的现代化,这在一定意义上反映了西方现代化的狭隘性与局限性。中国共产党诞生后,带领中国人民历经千辛万苦,始终从国情出发想问题、作决策、办事情,既不好高骛远,也不因循守旧,保持历史耐心,坚持稳中求进、循序渐进、持续推进,仅用了几十年的时间就走过了西方发达国家一二百年走过的路,让14亿多中国人民奔向了现代化的伟大征程,将人口规模巨大的“沉重压力”转变成了现代化建设的“巨大优势”和持久动力,破解了后发国家实现现代化发展的世界性难题,其艰难程度与巨大贡献完全是西方式现代化所无法比拟的。占世界人口五分之一、超过现有发达国家人口总量1.5倍的中国式现代化的成功是人类历史上前所未有的壮举,破除了近代以来西方模式一统天下的垄断局面,打破了只有遵循资本主义现代化模式才能实现现代化的西方神话,必将改写世界现代化的版图,重塑世界现代化的格局。

中国式现代化是全体人民共同富裕的现代化,而不是少数人富裕和两极分化的现代化。近代以来的西方现代化历史表明,虽然西方资本主义宏伟的理想是拥有资本的人创造更多财富,由此为每个人带来更多的工作机会和收入,但事与愿违的事实是,由于西方现代化是以资本、利益为主导的现代化,无产阶级贫困化、贫富分化充塞整个社会。正如马克思在《资本论》中指出的，在一极是财富的积累，同时在另一极，即在把自己的产品作为资本来生产的阶级方面，是贫困、劳动折磨、受奴役、无知、粗野和道德堕落的积累。与此形成鲜明对照的是，共同富裕既是自古以来中国人民的期待和追求，也是马克思主义经典作家构想的未来理想社会的重要特征，更是中国共产党的重要使命和中国特色社会主义的本质要求。这个特征内嵌于社会主义的本质、目标和原则之中，是社会主义制度优越性的重要体现，更使得中国式现代化显著区别于西方资本主义国家的现代化。我们坚持把实现人民对美好生活的向往作为现代化建设的出发点和落脚点，着力维护和促进社会公平正义，着力促进全体人民共同富裕，坚决防止两极分化。经过全党全国各族人民的艰苦奋斗，我们实现了第一个百年奋斗目标，全面建成小康社会。全国832个贫困县全部摘帽，12.8万个贫困村全部出列，近1亿农村贫困人口实现脱贫，提前10年实现联合国2030年可持续发展议程减贫目标，历史性地解决了绝对贫困问题，对世界减贫贡献超过70%，创造了人类减贫史上的奇迹，也扎实推动全体人民共同富裕取得了明显的实质性进展。

中国式现代化是物质文明和精神文明相协调的现代化，而不是物欲膨胀和唯利是图的现代化。根据中国特色社会主义现代化建设的宏伟目标，物质贫困不是社会主义，精神贫乏也不是社会主义，物质富足、精神富有是社会主义现代化的根本要求。我们不断厚植现代化的物质基础，不断夯实人民幸福生活的物质条件，同时大力发展社会主义先进文化，加强理想信念教育，传承中华文明，促进物的全面丰富和人的全面发展，努力实现社会主义物质文明和精神文明的协调发展，充分彰显了中国式现代化的全面性、系统性、协调性、持久性和优越性。与此显然不同的是，在西方现代化的观念认知中，由于部分西方国家的现代化从工业革命开始,并且受益于工业化进程率先实现了本国的现代化目标,也一直引领着世界现代化进程,形成了"现代化=西方化""现代化=工业化"的单一思维逻辑,这种历程也表明了西方现代化是一种以工业化为主要标准的现代化模式。这就使得西方现代化的发展在追求工业化发展和物质财富至上的同时,忽略或难以有效兼顾到思想文化、精神意识等其他领域的发展,经常导致物质进步与精神文明、道德进步之间的错位和冲突,暴露了西方现代化模式的内在弊端和根本不足。

中国式现代化是人与自然和谐共生的现代化,而不是人类中心主义支配的现代化。大自然是人类赖以生存发展的基本条件。人与自然是生命共同体,无止境地向自然索取甚至破坏自然必然会遭到大自然的报复。尊重自然、顺应自然、保护自然,是全面建设社会主义现代化国家的内在要求,人与自然和谐共生是中国式现代化的题中应有之义,也是世界各国现代化建设的正确方向。因此,中国式现代化建设必须牢固树立和践行绿水青山就是金山银山的理念,站在人与自然和谐共生的高度谋划发展。遵循这一理念,我们坚持可持续发展,坚持节约优先、保护优先、自然恢复为主的方针,像保护眼睛一样保护自然和生态环境,坚定不移走生产发展、生活富裕、生态良好的文明发展道路,实现中华民族永续发展,为人类可持续发展作出积极贡献。然而,在资本主义现代化模式下,资本对利润的无止境追逐,忽视生态环境保护,这种对自然的无节制索取必然引发生态危机。究其根本,西方现代化受"人类中心主义"生态价值观的支配,把人与自然的关系归结为工具性关系,自然不可避免沦为人类生产过程中的被动客体,人与自然关系不断紧张。面对西方现代化的教训,习近平总书记强调,我们建设现代化国家,走美欧老路是走不通的,再有几个地球也不够中国人消耗。走老路,去消耗资源,去污染环境,难以为继!我们要建设的现代化是人与自然和谐共生的现代化,既要创造更多物质财富和精神财富以满足人民日益增长的美好生活需要,也要提供更多优质生态产品以满足人民日益增长的优美生态环境需要。

中国式现代化是走和平发展道路的现代化,而不是侵略扩张、殖民掠夺的现代化。和平与发展是现代化建设的基本保障,维护和平、促进发展是中国式现代化道路的重要价值体现。从中华民族薪火相传的文化基因中,从近代以来中国一脉相承的现代化求索历程中,从中国与西方大国崛起的相互比较中,中国式现代化始终遵循和平发展的轨迹、逻辑和方向。新中国将奉行独立自主的和平外交政策作为坚强基石和根本方针,贯穿于中国外交的整体历程和各个领域,在国际舞台上坚定站在社会主义和世界和平民主阵营一边。进入新时代,中国始终坚持维护世界和平、促进共同发展的外交政策宗旨,致力于推动构建人类命运共同体;强调尊重各国人民自主选择发展道路的权利,反对干涉别国内政,反对以强凌弱,充分展示负责任的和平发展大国形象。中国人民超越"国强必霸"的陈旧逻辑和冷战思维方式,走出了一条强而不霸的复兴新路,开辟了一条维护和平发展、促进合作共赢的现代化道路。作为世界和平的建设者、全球发展的贡献者和合作共赢的维护者,我们坚定站在历史正确的一边、站在人类文明进步的一边,高举和平、发展、合作、共赢旗帜,在坚定维护世界和平与发展中谋求自身发展,又以自身发展更好维护世界和平与发展。

〔作者系中央党校(国家行政学院)
国际战略研究院副院长、教授〕

中国式现代化的成功势不可当

◇何　畏

中国,一个有着 14 亿多人口的超大型国家,在中国共产党的领导下,走社会主义道路,用几十年时间走完西方发达国家几百年走过的工业化历程,创造了经济快速发展和社会长期稳定两大奇迹,也创造了人类现代化的历史奇迹。然而,正当中国人民在现代化道路上披荆斩棘、高歌猛进之时,以美国为首的一些西方国家,在经济上、科技上、军事上、外交上全面围堵中国,"筑墙设垒""脱钩断链",企图把中国强行拉回价值链低端的前现代化阶段,阻断中国现代化发展进程,破灭中华民族复兴梦想。正可谓"船到中流浪更急、人到半山路更陡",有道是"人间正道是沧桑",历史已经证明,中国式现代化拥有得天独厚的强大优势,它的成功势不可当。

民族复兴梦想的不屈精神优势

早在 18 世纪中叶,中国就成为拥有 2 亿人口的世界第一大国,并创造了经济占世界经济总量三分之一的历史辉煌。然而,自鸦片战争始，率先步入现代化的西方列强依靠坚船利炮，彻底击碎了中国人的天朝梦想。哪里有压迫，哪里就有反抗；压迫愈甚，反抗愈烈。中国共产党的诞生，从根本上改写了中华民族百年屈辱的历史，开启了中国式现代化的历史进程。中国共产党以不怕流血牺牲的英雄气概开展新民主主义革命，团结带领人民浴血奋战，推翻帝国主义、封建主义、官僚资本主义三座大山，实现了民族独立、人民解放，为实现现代化创造了根本社会条件。

新中国成立后，中国共产党以"敢教日月换新天"的革命精神，团结带领人民进行社会主义革命，建立起独立的比较完整的工业体系和国民经济体系，为现代化建设奠定根本政治前提和宝贵经验、理论准备、物质基础。改革开放和社会主义建设新时期，中国共产党以自我革命精神，义无反顾地走上改革开放的强国之路，开创和发展了中国特色社会主义，实现了从生产力相对落后的状况到经济总量跃居世界第二的历史性突破，实现了人民生活从温饱不足到总体小康、奔向全面小康的历史性跨越，为中国式现代化提供了充满新的活力的体制保证和快速发展的物质条件。党的十八大以来，中国共产党以爬坡过坎的奋斗精神，不断实现理论和实践上的创新突破，推动党和国家事业取得历史性成就、发生历史性变革，为中国式现代化提供了更为完善的制度保证、更为坚实的物质基础、更为主动的精神力量。

百年奋斗的苦难与辉煌，中国共产党实现中华民族伟大复兴的初心使命，已经成为每个中华儿女心中的理想火焰和前行灯塔。我们有充足理由坚信：打压、围堵，只能让党和人民愈挫愈奋、自立自强，既改变不了中国式现代化的前进方向，也阻滞不了党和人民继续推进现代化的前进步伐。

中国化时代化马克思主义的科学理论优势

以科学的理论武装全党,是中国共产党的鲜明特征;以党的理论教育人民,是中国共产党的强大优势,是党和人民不可战胜的思想理论保证。

马克思主义是无产阶级和全人类翻身解放的科学理论,它科学地揭示了人类社会发展的基本规律,指明了人类社会发展的历史大势。中国共产党把马克思主义基本原理同中国具体实际相结合、同中华优秀传统文化相结合,与时俱进地推进马克思主义中国化时代化,创立了中国化时代化的马克思主义。历史证明,中国化时代化的马克思主义是中国共产党和中国人民发展中国特色社会主义、实现中华民族伟大复兴的科学理论。

中国式现代化既有各国现代化的共同特征,更有基于自己国情的中国特色;既遵循了现代化的一般规律,也顺应了中国式现代化的特殊规律。党的二十大全面概括了中国式现代化五个方面的中国特色,即中国式现代化是人口规模巨大的现代化、是全体人民共同富裕的现代化、是物质文明和精神文明相协调的现代化、是人与自然和谐共生的现代化、是走和平发展道路的现代化;明确了"五个坚持"的本质要求和重大原则,即坚持和加强党的全面领导,坚持中国特色社会主义道路,坚持以人民为中心的发展思想,坚持深化改革开放,坚持发扬斗争精神。这表明党和人民对共产党执政规律、社会主义建设规律、人类社会发展规律的认识达到了历史新高度,中国式现代化的理论体系初步建立,成为科学社会主义的最新重大成果,中国式现代化更加清晰、更加科学、更加可感可行。这些认识，既是理论概括，也是实践要求，必将指导党和人民在中国式现代化道路上行稳致远。

人类文明新形态的崇高价值优势

习近平总书记指出："中国式现代化，深深植根于中华优秀传统文化，体现科学社会主义的先进本质，借鉴吸收一切人类优秀文明成果，代表人类文明进步的发展方向，展现了不同于西方现代化模式的新图景，是一种全新的人类文明形态。"从人类文明形态的演进上讲，中国式现代化以全新的伦理维度，占据了人类道德高地，具有崇高的价值优势。

中国式现代化是全体人民共同富裕的现代化，确立了代表人类未来的财富观。西方现代化创造了巨大的生产力和物质财富，但是生产资料的私有制和按资分配制度，导致极度的贫富分化，而且现代化越发展，贫富分化的程度就越深，财富非但没有成为所有人全面发展的条件，反而成为一部分人苦难的根源。共同富裕是中国特色社会主义的本质要求，经济上的共同富裕将让财富回归其本质属性，使其真正成为人的平等、自由和全面发展的条件与保障。

中国式现代化是物质文明和精神文明相协调的现代化，确立了代表人类未来的社会观。西方现代化在物质文明创造上取得了巨大成功，但在精神文明建设上却是残缺的、片面的、失败的。正如马克思恩格斯所说，资产阶级创造了巨大的生产力和物质财富，但它却把人与人之间的关系变成"赤裸裸的利害关系"，把人与人的交往变成冷酷无情的"现金交易"，使资本主义社会沦为精神贫乏、物欲横流的社会。"物质富足、精神富有是社会主义现代化的根本要求",中国式现代化道路,致力于实现物的全面丰富与人的全面发展的相互促进和有机统一。

中国式现代化是人与自然和谐共生的现代化,代表人类未来的文明观。西方现代化走的是"先污染、后治理"的工业化道路,曾经酿成了骇人听闻的生态灾难。自20世纪80年代以来,西方发达国家对本国环境的治理取得了历史性成效,基本解决了严重环境污染和生态灾难。但是,发达国家的山清水秀是以发展中国家的环境污染、生态失衡为代价的,他们把高污染的低端产业转移到发展中国家,自己大量进口造成他国污染的消费品,这完全是一条以邻为壑的损人利己之路。中国式现代化坚持走生产发展、生活富裕、生态良好的文明发展道路,必将构建起人与自然和谐共生的全新文明观。

中国式现代化是走和平发展道路的现代化,代表人类未来的世界观。资本主义发达国家,多半是通过战争、殖民、掠夺来实现现代化的,他们信奉弱肉强食的丛林法则,崇尚"真理就在大炮的射程之内"的价值哲学,以对世界的剥夺铺就他们的现代化道路,以人类的苦难换取他们的财富。中国人民坚信"正义必胜!和平必胜!人民必胜!"现代中国虽然建设了一支强大军队,但坚定不移走和平发展道路,致力于构建人类命运共同体,这是人类文明发展的必然要求。

中国共产党领导的强大政治优势

中国共产党领导是中国式现代化的鲜明特征,也是中国式现代化的强大政治优势,直接关系着中国式现代化的根本方向、前途命运和最终成败。

党的领导决定中国式现代化的根本性质。中国共产党是马克思主义政党,实现社会主义和共产主义是党的奋斗目标,只有坚持中国共产党领导,才能保证中国式现代化的社会主义方向、保证全体人民共同富裕的价值取向、保证走和平发展道路的国与国相处之道,从而保证中国式现代化的根本方向。

党的领导确保中国式现代化锚定奋斗目标行稳致远。与西方政党一届政府一个调的轮流执政完全不同,中国共产党以共同理想信念为根本、以共同奋斗目标为旗帜,初心不改,信仰不变,目标一以贯之,一张蓝图绘到底,一代接着一代干,接力推进,持之以恒,必成大功。

党的领导激发建设中国式现代化的强劲动力。中国共产党是勇于改革创新的党,既勇于进行社会革命,也勇于进行自我革命,不断破除各方面体制机制弊端,大力推进实践基础上的理论创新、制度创新、文化创新以及其他各方面创新,能够为中国式现代化注入不竭动力。

党的领导凝聚建设中国式现代化的磅礴力量。中国共产党是中国工人阶级的先锋队,同时是中国人民和中华民族的先锋队。党坚持以人民为中心的发展思想,坚持走群众路线,发展全过程人民民主,充分激发全体人民的主人翁精神,在党的带领下,凝聚起14亿多人的聪明才智和创造力量,将是改天换地、无坚不摧的磅礴力量。

推进中国式现代化,是一项前无古人的开创性事业,必然会遇到各种可以预料和难以预料的风险挑战、艰难险阻甚至惊涛骇浪。但是,具有上述优势,充分发挥上述优势,将使中国式现代化成为任何力量都无法阻挡的历史必然。

(作者系江苏省习近平新时代中国特色社会主义思想
研究中心特约研究员、南京航空航天大学马克思主义
学院教授)

中国式社会治理现代化的科学内涵

◇徐汉明

党的二十大报告提出"以中国式现代化全面推进中华民族伟大复兴"。"中国式现代化"是贯穿党的二十大报告全篇的关键词,其内在合乎逻辑地包含着中国式社会治理现代化。中国式社会治理现代化集历史逻辑、制度逻辑、理论逻辑、时代逻辑于一体,具有丰富的科学内涵与鲜明的时代特征。

第一,坚持党对社会治理的全面领导和以人民为中心的治理宗旨,推进社会治理全过程人民民主,提升政治协商制度在社会治理中的整体效能。"党的领导是中国特色社会主义最本质的特征,是中国特色社会主义制度的最大优势,是社会主义法治最根本的保证"。我国最大的优势是党的领导和社会主义制度,这要求必须善于运用这些优势,把党的领导贯穿到社会治理全过程,在党的领导下完善多元主体分工合作的社会治理体制,构建"总揽全局、协调各方"党全面领导下的社会治理职责体系。同时,推进社会治理现代化必须始终坚持人民主体地位。中国式社会治理现代化科学回答了为了谁、依靠谁这一根本宗旨问题,我们必须始终想人民之所想,从解决人民"急难愁盼"最关切的问题入手,维护人民最直接最现实的利益。

民主协商是中国特色社会主义民主政治的重要方面,具有大团结大联合、共同凝聚民族复兴伟业民心民力智力的制度优势。完善党领导的多党合作、政治协商制度,展现我国新型政党制度优势,发挥人民政协民主效能,统筹推进政党协商、人大协商、政府协商、政协协商、人民团体协商、基层协商以及社会组织协商,构建程序合理、环节完整的协商民主体系,共同构成中国特色民主协商制度体系。习近平总书记多次指出,必须"巩固和发展最广泛的爱国统一战线,完善大统战工作格局,坚持大团结大联合,动员全体中华儿女围绕实现中华民族伟大复兴中国梦一起来想、一起来干"。这为坚持和发展人民民主、加快推进社会治理体系和治理能力现代化、提升社会治理整体效能提供了磅礴伟力。

第二,坚持法治国家、法治政府、法治社会一体建设,打造共建共治共享的社会治理共同体格局和中国特色社会主义治理体系。其涵盖的内容涉及新发展格局、重大风险防控、网络治理、食品监管、全媒体融合、城乡治理等社会治理各方面。既需要"秉持创新、协调、绿色、开放、共享的发展理念",通过采取各种风险防控的精细化措施提高风险防范意识和能力,又需要完善党委领导、政府负责、民主协商、社会协同、公众参与、法治保障、科技支撑的社会治理体系,着力打造人人有责、人人尽责、人人享有的社会治理共同体,形成政府治理与社会自我调节和居民自治良性互动。

从创造人类治理文明新形态的高度看,中国式社会治理体系型构了涵盖国家安全体系、社会治安防控体系、公共安全应急体系、生态治理体系、基层治理体系、"三调联动"(人民调解、行政调解、司法调解)工作体系等在内的中国式社会治理体系的整体架构,从而构成了体系完备、内容丰富、综合效能、优势互补、具有"中国之治"特色的治理体系。

第三,把专项治理、系统治理、依法治理、综合治理、源头治理有机结合,解放和增强社会活力,确保社会既生机勃勃又井然有序。社会治理、平安中国建设贯穿于中国特色社会主义事业发展全局,为的是适应社会主要矛盾变化后满足人民群众物质文化生活需求的同时,不断满足人民群众对民主、法治、公平、正义、安全、环境的更高质量"公共品"需求与更便捷"法福利"供给。必须将综合治理原则贯穿到改善民生福祉,健全治安防控、公共安全、市域治理、基层治理、网络治理等平安创建的各方面和各环节。

习近平总书记对平安中国建设作出分析和总结,提出社会发展只有活力是不够的,还需要保障这种活力是有序的。确保社会既生机勃勃又井然有序必须从制度安排入手,尽量减少社会不公平现象,保障人民应有的权利;把社会公平正义和人民福祉作为衡量体制机制和政策规定的重要参考因素,反思需要改革妨碍社会公平正义的问题;狠抓和落实制度安排中不健全的问题,让治理制度安排真正体现社会公平正义,从根本上维护最广大人民群众的利益。

第四,在法治轨道上推进社会治理体系和治理能力现代化,提高社会治理社会化、法治化、智能化、专业化水平。习近平总书记指出,法律是治国之重器,法治是国家治理体系和治理能力的重要依托。国家治理体系和治理能力现代化的推进需要法治保障,须采取有力措施将社会治理体系和治理能力现代化纳入全面深化依法治国实践的总体布局。首先,须坚持运用法治思维和法治方式解决矛盾和问题,加强基础建设,加快社会治理体制机制创新,推动和促进社会治理重点领域立法,不断完善社会治理法治实施、监督、保障的体制机制。其次,公职人员尤其是担负领导职务的人员须对法律怀有敬畏之心,带头依法办事,带头遵守法律,在深化改革、推动发展、化解矛盾、维护稳定、防范风险中善于运用法治思维和法治方式,提高依法治理能力和水平。最后,须采用多种形式引导广大群众自觉守法、遇事找法、解决问题靠法,深化基层依法治理,把法治建设建立在扎实的基层基础工作之上,推动全社会形成良好的法治环境。

"法安天下,德润人心。"中国是礼仪之邦,中华优秀传统文化与自治和法治相融合,与法治社会建设相辅相成。自治是社会治理不可或缺的重要组成部分。历史和实践深刻启示我们,必须坚持好发展好新时代"枫桥经验",必须完善正确处理新形势下人民内部矛盾的有效机制,使之在服务群众、化解矛盾等工作中发挥出更大效能;推动社会治理重心向基层下移,把重大矛盾风险化解在市域,把小矛盾小问题化解在基层,把大量纠纷化解在诉讼前,为持续创造经济快速发展、社会长期稳定、人类减贫史三大奇迹作出重要贡献,走出一条中国特色社会主义社会治理之路。

第五,推动全球治理体系变革,构建人类命运共同体,全球治理着眼于世界之变、时代之变、历史之变的国内外环境。"推动全球治理体系变革,推动构建人类命运共同体"形塑了包括全球治理体系变革、扩大开放水平、全球生态治理、公共卫生、反恐合作、网络治理、文明交流、人权保护、涉外法治在内的全球治理体系的重要命题。以习近平同志为核心的党中央面对复杂严峻的国际形势和外部风险挑战,统筹国内国际两个大局,紧扣服务民族发展、促进人类进步这条主线,弘扬和平、发展、公平、正义、民主、自由的全人类共同价值,引领人类进步潮流。习近平总书记以为人类谋进步、为世界谋大同的大国政治家胸怀和使命担当,在党的二十大报告中再次向世界宣告"中国始终维护世界和平、促进共同发展的外交政策宗旨,致力于构建人类命运共同体"；中国积极参与全球治理体系改革和建设，践行共商共建共享的全球治理观，为世界和平与发展不断贡献"中国智慧"、提供"中国方案"。

（作者系中南财经政法大学国家治理学院教授）

法治国家的中国式现代化图景

◇王　旭

　　法治国家或法治国,经常与欧洲大陆尤其是德意志民族国家建构与统一的现代化进程相联系,"国家就是一群人根据法律的结合",被认为是西方一种典型的国家现代化图景。这种"现代化"意味着四个基本面向:一是理性化,法治国的基本诫命是国家要依据和尊重人的理性而存在;二是世俗化,法治国服务于满足世俗生活的个体和公共福祉这个目标;三是制度化,法治国在以宪法为基础的法体系里获得强制效力并得到实施,实现对国家公权力的授予和控制;四是普遍化,法治国蕴含可普遍化的人类价值和国家目标。

　　与上述法治国家的特征对勘,法治国家的中国式现代化图景既包含着对现代化一般规律的遵循,也是中国自身传统、国情塑造的结果。在法治国家的理论建构中,同样亟须打破"现代化＝西方化"的迷思,在中国现代国家秩序与法治秩序双重建构、互动的过程中建立起我们阐释法治国家的中国式现代化图景的自主知识体系。从根本上说,现代化是人类生活的一种整体性历史运动,它本身就体现出在不同时空里流动性、多元性和根据具体实践情境自我反思性的特征。

　　首先,法治国家的中国式现代化是作为国家根本制度的社会主义法治现代化。"中国式现代化,是中国共产党领导的社会主义现代化",因此,它的根本历史土壤不是作为"需求体系的市民社会",它的历史语境不是"原子式个体对抗抽象国家",而是一种特殊的现代社会形态,那就是社会主义。这意味着理解法治国家中国式现代化图景的三个基本命题。

一是社会主义法治国家的政党领导逻辑。与康德式的"原子式个体为满足私法意义上的权利保障而通过公法契约组建法治国家"不同,中国法治国家建构的内生动力、基本路径和领导力量始终来自社会主义政党——中国共产党作为政治理想和行动的精英艰苦奋斗的结果。因此,法治国家在中国始终存在"政党—国家互动"的混合结构。无论是在局部地区执政还是在全国范围内长期执政,中国共产党的政党理性始终是法律理性的来源和保障,始终是通过法律来建构国家、规范国家、发展国家的领导者、推动者和捍卫者。作为国家统合之根本框架的现行宪法在第一条明确宣布"中国共产党领导是中国特色社会主义的最本质特征",就是最鲜明体现。

二是社会主义法治国家的价值塑造逻辑。中国特色社会主义制度蕴含着带有中国特殊历史和现实情境的价值图谱,它不能完全用西方法治国家世俗化目标来解释,代表着一种特殊的人类文明类型。例如,中国式现代化蕴含的"物质文明与精神文明相协调的现代化"要义,就使得中国的法治国家建设始终具有一定的道义性基础与超越性品格。现行宪法对社会主义核心价值观和精神文明条款的规定,显然与西方自由主义中立式的法治国家观有很大不同,宪法对国家目标、国家任务的强调,对公有制与共同富裕、社会保障体系建设、物质帮助权的规定等更是直接鲜明表达了社会主义的实质平等国家观。

三是社会主义国家的权力配置逻辑。与市民社会逻辑条件下所推演出来的分权与代议民主逻辑不同,社会主义国家的权力配置逻辑在法律框架里必然遵循整体国家权力观,是一种民主集中制。在中国宪法里隐含着一个"双重不可分原理",整体的国家权力全部、完整、直接归属于整体的"人民"。现行宪法第二条规定的"国家一切权力属于人民"的人民代表大会制度和第三条民主集中制原则,正是这个原理的规范依据。

其次,法治国家的中国式现代化是受到中华文明滋养的现代化,中华文明自身的特殊性、连续性都在底层逻辑上塑造着中国法治国家的内在机理。中华文明在 5000 多年的演进中对于政治共同体(国家)特殊的正义观、道义观、治理观都深刻影响着今天法治国家建设。例如,儒家文化天下观所蕴含的"无差别的政治"和"仁爱的政治",是今天我们理解中国宪法上国家保护义务的平等性、全面性的重要理论根据,是理解"以人民为中心"的中国式宪法人权观所强调的"人民至上",最真实保障人权的重要理论渊源。又如,中华文明对国家权力行使道义基础的强调,对"为政以德,譬如北辰"的追求,是今天我们通过宪法建构国家监察权强调对行使公权力的所有人员进行道德评价、风纪监督、法律约束的重要思想资源。而"六合同风,九州共贯"的大一统传统,则塑造了宪法对祖国完全统一、积极建构人类命运共同体规定的根本逻辑。

最后,法治国家的中国式现代化是面对具体、客观约束条件的现代化。"中国式现代化是人口规模巨大的现代化"首先就是对客观约束条件的分析和判断。这个客观约束条件必然也会投射到法治国家现代化建构的过程中。它意味着中国的法治国家建设必然要依赖建构理性,要有规划性,而不可能走纯粹自发演进式的道路。人口规模和地域规模,决定了自发演进的试错成本将非常高,而且在这个过程中存在着法治多元性对统一性的挑战。人口规模巨大不仅是数量上的概念,还必须分析人口结构存在的特征,例如城乡差异、民族差别、阶层多元。地域广阔也不仅是空间的物理范畴,还意味着内部的差异性、多元性以及不同空间所承载的文明形态差异,呈现出农业文明、工业文明、信息技术文明等多种形态"时空叠合"的态势,也由于这种叠合而导致"文明互嵌"。例如平台经济的商品售卖就有可能同时叠合工业文明与信息文明、农业文明与信息文明,从而导致国家权力的运行逻辑和不同形态也发生"权力叠合",从而引发"治理叠合"。从建设法治国家来看,也就意味着这种权力叠合和治理叠合带来的法律规制手段必须更加系统、集成,有机贯通,一体建设。

以上论述主要是结合中国式现代化在法治国家建设中展现的规律性来对其正在徐徐展开的画卷进行描述。同时,我们还可以进一步对这幅图景做更多的理论期待和展望。

一方面,法治国家的中国式现代化要超越西方形式法治国和实质法治观的历史辩证法,中国的社会主义制度属性对实质平等和正义的追求,使得中国式法治国家很难变成一种机械坚守和理解严苛规则的形式法治国,但是实质法治国所来源的资本主义市民社会竞争逻辑和社会达尔文主义也很难在中国加以复制。中国的社会主义与中华文明滋养了特别的国家正义论,这种国家正义论既不同于形式法治国的以资格平等和规则形式正义作为追求,也不同于实质法治国对国家补充与辅助责任的强调,更不会陷入实质法治国引发的"价值决战"。中国的国家正义论始终要求在一个具备道义感的执政党领导下,国家及其权力行使者要有"正其义不谋其利,明其道不计其功"的政治使命伦理和以牺牲奉献作为最高政治美德。

　　另一方面,法治国家的中国式现代化图景要超越分配正义和交换正义的理论二分法。现代中国不是西方契约论式、在国家与人民对立的逻辑里更多关注资源的原始分配和交换,国家与人民在中国的法律安排里具有一致性,"以人民为中心"的核心要义必然决定了人民自身的正义生产功能,这是一种"生产正义"。中国迈向现代化强国的过程中,同时还存在各种不确定性,因此法治国家还必须是有能力、负责任预防风险并善于通过法的安定性和可计算性化约偶然、复杂和随机性的国家。在这个意义上,"预防正义"也是法治国家的中国式现代化题中应有之义。

　　　　　　（作者系中国人民大学法学院副院长、教授）

新时代法治政府建设的中国进路

◇关保英

党的二十大报告对《法治政府建设实施纲要（2021—2025）》作了体现时代精神的升华，主要是将法治政府建设与中国式现代化予以有机结合。同时，从深层次诠释了新时代法治政府建设的新进路。

全过程人民民主是法治政府建设的理论基础

法治政府在我国相关制度的构型中处于非常重要的地位。法治政府及其建设的理论基础究竟是什么，学界作过诸多探讨，如为人民服务论、人民政府论、协商治理论等。党的二十大报告（以下简称《报告》）非常精准地凝练了法治政府建设的理论基础，即全过程人民民主这一新的命题和判断。《报告》明确提出"全过程人民民主是社会主义民主政治的本质属性，是最广泛、最真实、最管用的民主"。全过程人民民主是我国社会主义制度的基本特征，也是我国根本政治制度、基本政治制度和重要政治制度的基本属性。

法治政府建设与我国宪法及其确立的相关制度是融为一体的，

法治政府建设应当有相应的根基、源头和逻辑前提。《报告》对新时代法治政府建设理论基础的诠释使得上述问题得到了具有时代精神的阐释，由此进一步深化，则能够使我国法治政府建设更好地支持宪法所确立的各项制度，从而有机地促进宪法实施。法治政府建设与宪法实施的关系也在这个理论基础的阐释中进一步清晰，一定意义上讲，它为新时代法治政府建设指明了立场、确定了方向，进而使法治政府建设能够实现最大程度的有序化。

给付行政是法治政府建设的价值追求

法治政府建设与行政法治有着天然的联系，它是行政法治的内在方面。行政法治及其发展经过了若干历史阶段，如强调政府高权的管理论阶段、强调政府诚信的契约论阶段等。新时代行政法治的相关理论有新的历史属性。服务型政府的表述是新理论的具体化，而服务型政府的实质为给付行政，即行政系统要将行为范式确定为给社会公众创造好的生活环境，使社会公众对美好生活的追求有政府保驾护航。《报告》有这样的精辟论述："为民造福是立党为公、执政为民的本质要求。必须坚持在发展中保障和改善民生，鼓励共同奋斗创造美好生活，不断实现人民对美好生活的向往。"这使得法治政府建设有了非常高的站位。我们的法治政府是以人民为中心的法治政府、为人民创造福祉的法治政府、造福于人民的法治政府。

《报告》关于给付行政有多处体现，如实施就业优先的战略、健全社会保障体系、推进健康中国建设、促进人与自然的和谐发展等。

关于给付行政的相关规定是非常具体的："发展多层次、多支柱养老保险体系。实施渐进式延迟法定退休年龄。扩大社会保险覆盖面，健全基本养老、基本医疗保险筹资和待遇调整机制，推动基本医疗保险、失业保险、工伤保险省级统筹。"我们的法治政府在价值追求上究竟如何定位，长期以来并没有给出一个明晰的表述，如以构建良好的行政秩序和社会秩序作为价值取向，还是以有效化解纠纷和矛盾形成社会过程中的和谐作为价值取向。而《报告》则非常明确地提出了给付行政的价值取向，这是对我国法治政府建设在新的历史条件下价值追求的深刻诠释，也是法治政府建设理论基础的进一步延伸。

法典化统摄是法治政府建设的法律形式

《报告》将"坚持全面依法治国、推进法治中国建设"作为专章予以规定，足见《报告》对全面依法治国的重视。这就自然涉及我国法治体系建设问题，法治体系建设的首要环节是法律的规范体系，具体到行政法和法治政府建设中就是行政法及其体系的形成。我国行政法已经形成了相应的体系，但统一的行政法典乃至于统一的行政程序法典尚未制定。近年学界和实务界强烈呼吁相关行政法典出台，立法机关也已将相关法典的制定纳入立法规划。《报告》强调："以良法促进发展、保障善治。推进科学立法、民主立法、依法立法，统筹立改废释纂，增强立法系统性、整体性、协同性、实效性。"这使得我们在行政法典的制定上更增强了信心。

法治政府建设必须有充分的法律规范供给，这是首要方面，通过行政法典则可以使法治政府建设更加具有系统性、整体性和协同性。法典的统摄是法治政府建设必须突破的一个路径,在这个路径之下相关单行法的制定也不可或缺。我国作为成文法国家不能仅有私法上的法典化,也应当有公法上的法典化。通过行政法的法典化、教育法的法典化和环境法的法典化等,可以使我国的公法法典化在公共治理中与私法法典化并驾齐驱,从而实现公法与私法的平衡。此外,我国的法治政府建设长期以来还存在着一些局部性和部门化的问题,通过法典化统摄可以使法治政府建设形成长效机制。

公权指导下的多方协商是
法治政府建设的实施机制

我国法治政府建设的开放化程度越来越高。传统行政治理中,行政系统主要通过公权的单方效力为行政相对人设定义务,进而形成行政秩序和行政法关系。近年来,行政系统的行为方式发生了重大变化,由传统上的相对封闭性向相对开放性转换。即是说,行政系统在通过公权履行职能的同时也吸收其他社会因素参与其中,如行政相对人可以参与行政决策和行政执法,让利害关系人介入行政过程中。这一转换在以往可能仅仅是一种尝试,因为没有一种很好的方法论对行政过程的这种多元性作出合理解释。

然而,《报告》将协商民主作为全过程人民民主的基本内涵,认为"协商民主是实践全过程人民民主的重要形式",说明协商民主既是全过程人民民主的构成,也是一种新的治理形式,它将行政治理和社会治理予以融合,将行政主体与其他社会主体的关系予以科学处理,使得法治政府实施机制的科学性越来越明显。这种科学性促成了一种新的治理机制,那就是公权主导的多方协商机制。这样的机制与法治政府建设的理论基础是一致的,与给付行政的精神也是统一的。一方面,政府行政系统是法治政府建设中的主导者;另一方面,多方社会主体可以以多种形式参与到政府治理和社会治理中来。我国在行政决策和行政执法中都已经尝试过这种新的机制,具有非常广阔的适用空间。

数字化治理是法治政府建设的行为趋向

我国"十四五"规划纲要强调,"将数字技术广泛应用于政府管理服务"。《报告》进一步强调了数字中国建设的重要性,明确提出"高质量发展""网络强国、数字中国、质量强国"等新的概念和理念,要求"实施产业基础再造工程和重大技术装备攻关工程,支持专精特新企业发展,推动制造业高端化、智能化、绿色化发展"。这都表明,我国的政府治理和社会治理必须适应大数据时代要求,对其时代特征作出回应。事实上,我国在数字政府建设和数字治理方面已经采取了相应举措,国务院及地方政府通过行政规范性文件对数字治理已作了具体翔实的规定。

数字治理在新时代是一个具有普遍意义的问题。法治政府建设的数字治理内涵深刻,如利用大数据分析政府行政系统的体制机制,进而凝练出转变政府职能、优化政府职责体系和组织结构的实施方略;在行政执法和行政决策中引入人工智能和算法等。《报告》关于"扎实推进依法行政"有专节规定,内容丰富,要使这些内容得到实现,相应的数字治理必不可少。总之,新时代法治政府建设在质的方面要强化给付行政,而在技术上则要尽可能做到精准性和具体化,而技术治理和精准化则有赖于数字治理。

(作者系上海政法学院教授、上海市人民政府参事)

中国式现代化与城乡融合发展

◇周飞舟

　　城镇化与工业化是世界历史上现代化的核心内容,改变了人类社会的产业结构和城乡形态,构成了现代社会生产生活的经济和社会基础。中国式现代化也同样以城镇化和工业化为核心内容之一,但呈现出诸多与世界各国现代化不同的特征。这些特征,有些是过程性的现象层面的,有些是永久性的本质层面的。当前,城镇化和工业化的过程还没有完成,许多形态还会发生巨大的变化。因此,我们要认清其中具有本质性的特征,透过现象看本质,既不能以西方的现代化理论对工业化和城镇化的特征和趋势做教条式的判断,也不能将此过程中一些独特的现象、形态、特征简单地看作中国式现代化的本质。"城乡融合发展"是极具中国特色的城镇化和工业化特色,指在改革开放以来40多年的快速发展过程中,城市和农村之间始终呈现出复杂的交融发展的关系,农业、农村、农民构成了工业化和城镇化的基础和主力,城市和工业又表现出对乡村的反哺和依赖的特征,与西方现代化过程中城乡间的对立、冲突和替代的关系很不相同。本文采用社会学视角对城镇化过程中"城乡融合发展"的现象进行分析,从两个看似表面性、暂时性的中国现象来透视其中所蕴含的中国式现代化的深层意涵。

县域经济在国民经济中占据重要位置

改革开放以来,工业化和城镇化浪潮发端于乡镇企业和城镇,这是特殊的历史和制度条件的产物。但随着工业化和城镇化的发展,县域经济的地位并没有明显的下降,一直在国民经济中占据重要位置,在东部沿海地区尤其如此。根据《中国县域统计年鉴》,以最为发达的东部粤、闽、浙、苏、鲁五省为例,从 2000 年到 2020 年二十年间,县域制造业产值在全省制造业中一直保持着相当大的比重。五省中广东最低,占三分之一左右,这与广东省的区划调整有关。另外四省的比重普遍保持在 50% 以上,近年来浙江在三分之二(66%)左右,而江苏则上升到 70%。

学术界的一般认识是,乡镇企业衰落后,中国制造业有一个向沿海大城市集中的过程。从实际进程来看,向沿海集中是事实,向大城市集中则是有限度的,有相当大一部分制造业和劳动密集型产业都留在县域范围。这有两个重要原因。一是中国地方政府间以招商引资、发展经济为主要目标的"地方竞争"模式的影响。乡镇企业衰落转制后有个"集中"的过程,大部分乡镇企业离开村庄,向乡镇和县城工业园区集中,并非向县以上的市集中;把好的企业留在当地是中国政府间"横向竞争"的一个重要内容。二是城市的工业企业发展有一个较显著的"反纵向一体化"的过程,即将其一部分生产环节和配件用拆分的方式外包给地方企业,而非建立巨无霸式的企业。这种"拆分外包"形式形成了独具中国特色的跨越城乡的产业分工体系。最中心的企业总部和研发部门位于中心城市,重要的配件或外围产业链则向县域和乡镇、农村延伸。很多劳动密集型的产业环节分布在城乡之间的区域,最外围的如"来料加工"则以包买制组织的方式延伸到农村居民的家庭和家庭作坊之中。县、乡、村和农民家庭在很多地区构成了看不见厂房和总部的企业生产基地。

县域社会与中国工业经济发展的关系是一个长期讨论的话题。从当年乡镇企业的研究成果来看,大多数国外学者将乡镇企业的繁荣归因于市场和外部环境因素,而中国本土的学者尤其是北大社会学的乡镇企业案例研究则将其归因于本土因素,也就是说,乡镇企业的产权和内部、外部的经营方式与乡土社会有着很强的契合性。乡镇企业转制后,私有产权的民营企业与地方社会有更好的契合性,这种契合性被一些社会学家表述为中国工业的"乡缘"。"乡缘"由极具中国传统文化特色的亲缘、地缘、业缘和政缘等组成,用中国特色的"关系信任"替代"制度信任",有所谓的"信任时间差"的优势,在一定条件下能起到降低交易费用的作用。这种信任不只存在于企业家之间,还存在于企业和工人之间、企业与地方政府干部之间、企业与金融机构之间,信任作为人际"平台",可以进行各种资源的"拆借"。这是一种很强的文化和社会资源,尽管也存在一些负面的弊病,但是它赋予了中国的工业化与地方社会资源之间如鱼水般的亲和性,这可能正是中国式现代化的本质要素之一。从纵向上来看,这种资源在县域及以下最为丰富,这可能也是县域经济始终保持活力的主要原因。从横向上来看,一个地区的产业发达程度与这种资源的"浓度"和"厚度"也有关系,只是更加复杂,有待更加深入的研究。

城乡融合的县域经济是
城镇化的根据地和大后方

从世界历史的城镇化进程来看,大规模且持续的人口流动是中国城镇化的最大特色之一。中国的流动人口从 20 世纪 90 年代的几百万、上千万到 2020 年已经超过 3 亿,是世界历史上从未有过的现象。从西方现代化的理论来看,这是不稳定因素,但是从中国的实践来看,这既是一个保持经济活力的因素,又是一个社会稳定因素,而且会延续相当长的历史阶段。农民外出打工有如城里人外出上班,只是在空间上、时间上更加延伸、撑开了。经过了 30 多年的发展,随着流动家庭人口生命历程和家庭生命周期的变化,已经呈现出"流动有序、进退有据"的流动格局,形成了一些时间和空间上的规律。流动仍然借助于中国社会的人际关系连带如"乡缘",这种乡缘不仅是流动的组织力量,也是流动的稳定力量。一个流动在外的人,村里的红白喜事请客送礼都参与,就像风筝牵着线一样,与远方的村庄保持着密切的关系。从家庭的角度看,这些规律和每个家庭结婚、生子、上学、养老的规律联系在一起,相当大比例的农民工都是"少小离家老大回"。他们回到的"家"并不一定是村庄里的家,很多都是在县域范围内比如县城里的"家"。"家"的含义对于流动人口来说非常复杂,他们"两栖""三栖"于村庄、县城和打工地,他们的家"撑开"在城乡之间。这涉及中国未来的城乡形态,也决定了中国式现代化的重要特征。中国式现代化是"人民"的现代化,流动人口最能反映这一点。

县域内的城乡融合发展正是要为流动人口打造未来的"家园"。宜居宜业是县域城乡融合的主要内容，这也决定着中国特色城镇化道路的未来走向。城乡融合发展的道路如何走，取决于对中国式现代化本质特征的深刻认识。具体到这个问题上，是对流动人口流动现状和规律的认识。在中西部地区，流动人口的回家，往往是因为有家庭使命，并不一定是因为家乡有更好的就业机会。家庭使命就是抚育、陪读、看护、养老，如果家乡县域内有适宜的产业，则能同时满足宜居宜业的要求。就中西部地区而言，县域经济最重要的是人气，人气的关键可能首先不是发展高科技产业、先进制造业，而是基础设施和公共服务建设，是教育、医疗、交通、住房和适合本地情况的产业。其中，宜居和宜业的关系很复杂。有了人气，产业就容易发展，更容易招商引资。这里的关键认识是，就流动人口的主题而言，老了回家仍然是主流的选择，年轻的时候是能不回去就不回去，随着年龄的增长，变成能回去就回去。县域经济在中国式现代化中的位置，就是大后方和根据地，所以发展县域经济就是建设家园。老百姓建设自己的家，就是盖房买房专修自己的房子，而县域经济就是在建设和装修一个个大家庭和大房子、大社区。由此而言，中国城镇化道路要走得通，走出中国特色，城乡融合、宜居宜业，城乡之间地带的发展是关键。

综上而言，城乡融合发展是中国式现代化在城镇化方面的集中体现，在巨大规模人口共同富裕、物质文明和精神文明协调发展方面必将发挥重要作用。

（作者系北京大学社会学系教授）

中国式现代化引领数字时代学科发展

◇王天夫

　　当代中国的现代化是近代以来人类社会现代化进程中的重要组成部分,更是中华民族与中华文明绵延传承、再铸辉煌的重大历史阶段。习近平总书记在党的二十大报告中指出:"从现在起,中国共产党的中心任务就是团结带领全国各族人民全面建成社会主义现代化强国、实现第二个百年奋斗目标,以中国式现代化全面推进中华民族伟大复兴。"在中国共产党的坚强领导下,中国式现代化发展道路呈现出波澜壮阔的探索历程,取得了一系列世所罕见的实践成就,产生了广泛而深刻的世界影响。

　　中国式现代化发展道路有着自身独特的历史展开过程和现实成就特征。进入 21 世纪,中国经济社会的高速发展与数字时代的来临高度重合。数字技术作为基础设施嵌入日常生产与生活的各个领域,开辟各种新型的服务功能和应用场景,为人类社会带来根本性、全方位的变革,开启全新数字技术时代。数字技术的快速进步给社会连接、社会生产与生活方式带来了根本性的变革。借助数字媒介的信息传递提升了社会连接的时效、促进了低成本高效率的信息共享、拓展了社会连接的理论边界,使社会中的每一个人都可以便捷相连;与此同时,网络化的数字信息深度作用于市场运行方式和生产组织模式,改变了劳动者的工作方式与工作内容。在其积极的方面,数字技术带来了经济生产效率的大幅增加,带来了社会生活便利的大幅提升。数字化技术的浪潮席卷全球生产与生活的各个角落,中国与世界其他众多国家同时进入数字社会,同时面临着数字时代的机会和挑战;在数字技术发展的很多方面,中国取得了重要进展与非凡成就,走在世界前列。毫无疑问,数字技术为中国式现代化带来了新的机遇。同时,也正是紧紧抓住了数字时代变迁的脉搏,中国的现代化进程进入了高速发展时期,站立在世界发展的潮头,成为带动世界经济发展的火车头,也深刻地改变着全球格局。

数字时代的到来伴随着新的社会转型过程,为中国社会学的发展提供了一个思想涌现与理论创造的历史性机遇。更为具体的,数字社会也为社会学带来了研究条件与研究方法上的新机遇。一方面,广泛应用的数字技术提供了数据生产与数据分析的便利条件,社会研究得以采用"大数据"的方式,依托于网络用户的活动,在免于物理限制性的网络空间中展开;另一方面,相对于原有的工业社会组织方式,数字网络在某些领域的应用带来了社会组织结构的调整甚至瓦解。这本身就是一场巨大的社会实验,时间与空间维度的比较研究和不同领域的社会机制分析都可以据此开展。开放的借鉴和学习曾经为年轻的中国社会学提供了不可或缺的发展条件和资源。随着数字社会的到来,仅仅依赖于借鉴和学习,已不能满足中国社会学进一步发展的需要。新局势下,中国社会学面临着新的学科使命,从主动的"借鉴者""学习者"变成积极的"创造者""引领者",深入当今社会最前沿的实践中,描述变迁、诊断观察,构建起能够把握新的时代变迁特点的社会理论,获取更大的学科话语权。

　　中国式现代化的理论阐释,为构建数字时代的本土社会理论提供了机遇。现有的西方社会现代化理论产生于西方社会转型时期,对于中国社会的现代化转型发展模式,无法形成全面深入的理解。在新的历史时期,探索构建自主知识体系成为当代中国哲学社会科学发展的重大战略任务;当代中国特色社会学的重大任务就是构建立足于中国的本土社会理论。中国社会学学者应当自觉立足于中国社会变迁发展的实际情况,只有对中国社会现实及其变迁状况进行描述与归纳、凝练关怀中国本土社会标识性概念、分析总结中国社会现代化变迁中的理论机制以及发展具有本土色彩的社会研究方法等方面的扎实工作,才能进一步形成具有中国特色、中国风格、中国气派的社会思想理论和自主知识体系。

（作者系清华大学社会学系教授）

中国式现代化视域中的文艺现代性问题

◇ 赖大仁

党的二十大报告概括提出并深入阐述了中国式现代化理论,这是一个重大的理论创新。习近平总书记在学习贯彻党的二十大精神研讨班开班式上发表重要讲话,对于如何正确理解和大力推进中国式现代化进行了全面深刻的阐述,具有重要指导意义。习近平总书记在文艺工作座谈会上的讲话中指出:"文艺事业是党和人民的重要事业,文艺战线是党和人民的重要战线。"文艺事业作为社会主义现代化事业的一部分,应当纳入中国式现代化进程中来认识它的特性和规律,从而推进新时代文艺事业进一步创新发展。这里就关涉对中国文艺现代性的认识问题,学界对此已有不少讨论,既形成了许多很有意义的认识见解,起到了应有的积极作用,但也存在很大局限性,甚至存在一定程度上的困惑和迷误,有必要进行理论反思。从中国式现代化的理论视域来重新观照中国文艺现代性问题,可以获得一些新的启示,从而深化对这一问题的理解和认识。

从历史发展来看,早在 20 世纪初新文艺运动蓬勃发展之时,中国文艺现代性问题便凸显出来并引起广泛探讨。当时新文艺的现代性,一方面表现为批判旧文艺观念和寻求中国文艺的现代转型,另一方面是大量引进借鉴各种外国文艺资源,如现实主义、浪漫主义、象征主义等,由此形成我国现代文艺思潮,体现了那个时代的文艺现代性。这种文艺现代性主要以外国文艺思潮为参照,包含启蒙现代性、审美现代性等丰富内涵,既带来了文艺自身的现代转型发展,同时也在中国社会现代变革中发挥了积极作用,其历史进步意义不言而喻。其中,马克思主义文论中国化带来了文艺人民性的观念建构和实践发展,极大影响和引导了我国现代文艺的发展进程。

改革开放以来,我国社会主义现代化建设进入新发展阶段,文艺现代性得到重建和拓展,我们大力引进和借鉴外国文艺资源,文艺理论与实践突出对文艺自主性和自律性的追求,以及对文艺审美性、艺术性、人文性等多方面的探寻,极大提升了文艺的创造性;把西方前现代性、现代性、后现代性等理论观念引入文艺现代性中加以探讨,拓展了人们的理论视野。然而,问题在于这种文艺现代性观念主要以西方文艺现代性为参照,文艺实践也总是追逐外国现代、后现代思潮,以为这样才是最新潮、最先进的东西,好像我国文艺要走向世界也只能以此为标准。在这种情况下,确实存在某种“现代化＝西方化”或外国文艺“现代性＝先进性”的迷误,由此带来了某些消极影响。当然学界对此也有一定的理论反思,对这种现象充满怀疑和困惑。也有学者对西方文论“现代性”观念及其对我国文艺的影响加以质疑,认为我们不能总是跟在西方现代性、后现代性之类理论后面走,而是应当立足于我们自己的社会现实,转换到我国文艺“当代性”问题上来进行探讨和理论建构。这反映了我国学界对于文艺现代性问题已经开始进行理论反思,表现出一定的理论自觉。

党的二十大报告概括提出并深入阐述了中国式现代化理论,明确指出:“中国式现代化,是中国共产党领导的社会主义现代化,既

有各国现代化的共同特征,更有基于自己国情的中国特色。"中国式
现代化包含了非常丰富的理论内涵和价值观念,展现了不同于西方
现代化模式的新图景,打破了"现代化=西方化"的迷思,代表了人类
文明进步的发展方向,创造了人类文明新形态。从中国式现代化理
论出发来重新认识中国文艺现代性问题,可以得到一些新的启示,进
一步深化我们的理论认识。这里主要从以下几个方面谈谈笔者的
看法。

第一,更新探讨中国文艺现代性问题的基本思路。如前所述,我
们过去认识社会现代化往往自觉不自觉地以西方现代化为参照,探
讨文艺现代性也同样以西方文艺现代性为参照。但当今在中国式现
代化理论视域中,就需要跳出过去那样的惯性思路,着重从中国式现
代化的本质要求和发展进程来认识与探讨。自 20 世纪初以来,中国
文艺现代性历经百余年发展演变,内涵极为丰富,有多方面的因素在
其中起作用。一是中国社会现代变革转型,以及新中国成立后社会
主义现代化在不同阶段探索发展的时代要求,决定了中国文艺现代
性的总体性质和发展走向。二是马克思主义文论中国化时代化发
展,使文艺人民性观念起到了主导性作用。三是中华优秀传统文化
创造性转化和创新性发展,融入了不同阶段文艺现代性的重新建构
中,中华美学精神的血脉始终传承不衰。此外,当然还有对外国文艺
资源的吸收借鉴,这种影响作用显然也不可低估。总的来说,对于中
国文艺现代性问题的探讨,应当首先立足于中国社会现代变革以及
中国式现代化发展的现实要求,综合考察各方面因素融入其中所起
到的作用,避免像过去某些观点那样,过于看重"西化"因素的影响
而忽视更为重要的现实基础。这应当是以中国式现代化理论深化理
解中国文艺现代性问题的新思路和新要求。

第二，中国文艺现代性的本质属性。党的二十大报告指出："人民性是马克思主义的本质属性。"这就决定了以马克思主义为指导的中国式现代化，其本质要求是一切以人民为中心，这体现在中国式现代化的一切方面，当然也体现在文艺事业之中。中国文艺现代性的内涵十分丰富，其中有起主导作用的本质规定性，文艺人民性就是中国文艺现代性的本质属性。自从20世纪初马克思主义传入中国后，一些早期共产党人运用马克思主义文艺观点阐释新文艺问题，带来了文艺人民性观念的初始建构，由此影响和引导了中国文艺现代性的发展进程。此后形成的左翼文艺思潮和文艺大众化运动，推动新文艺不断走向大众化和民族化，文艺人民性的主导作用更加彰显出来。毛泽东同志《在延安文艺座谈会上的讲话》把马克思主义文艺观点与中国文艺实践相结合，深刻阐述了文艺为人民大众服务的思想，形成了人民文艺观念的系统化理论建构，极大推动了文艺人民性的实践发展。新中国成立后，在社会主义现代化建设进程中，人民文艺始终是社会主义文艺的发展方向，文艺人民性始终处于主导地位，引领着我国文艺事业不断繁荣发展。进入新时代，习近平总书记在文艺工作座谈会上的讲话全面深刻地阐述了"以人民为中心的创作导向"，把文艺人民性提升到一个新的高度。由此可见，在中国文艺现代性的历史发展中，文艺人民性始终起着主导作用，是中国文艺现代性的本质属性。这是由马克思主义文论中国化所带来的，是由中国式现代化发展的性质特点所决定的，也是与各种外国文艺现代性的根本不同之处，其特殊意义不言而喻。

第三，中国文艺现代性的丰富内涵及其辩证统一。正如中国式现代化借鉴吸收了一切人类优秀文明成果，既有各国现代化的共同特征，更有基于自己国情的中国特色一样，中国文艺现代性也有其丰富内涵,并且与基于中国国情的文艺人民性的主导作用形成了辩证统一的发展态势。如前所述,在 20 世纪初以来中国文艺现代性的历史发展中,我们广泛借鉴吸收了从现实主义、浪漫主义到现代主义、后现代主义等外国文艺资源,也充分融入了文艺的自主性与自律性、审美现代性和各种人文精神内涵,使中国的文艺现代性更为丰富,适应了新的时代条件下文艺开放性和多样化的发展要求。这一切最终落脚于文艺的人民性。当代文艺要充分满足人民群众的精神文化需求,既要弘扬主旋律,也要提倡多样化;既要反映人民精神世界,又要引领人民精神生活。因此,各种有利于反映人民生活和满足人民审美需要的现代艺术特性都可以吸收融合进来,达到文艺人民性与艺术多样性的有机统一。这是符合中国式现代化发展要求的,也是新时代中国文艺现代性进一步创新发展的题中应有之义。

(作者系江西师范大学文学院教授)

中国式现代化开拓定量社会学新路径

◇陈云松

习近平总书记在学习贯彻党的二十大精神研讨班开班式上的重要讲话指出:"中国式现代化,深深植根于中华优秀传统文化,体现科学社会主义的先进本质,借鉴吸收一切人类优秀文明成果,代表人类文明进步的发展方向,展现了不同于西方现代化模式的新图景,是一种全新的人类文明形态。"伴随着中国式现代化的不断推进,我们正在用中国之治来探索如何实现国家的高效治理、社会的共同富裕、人民自由而全面的发展。在这一伟大的历史实践进程中,涌现出一大批具有深刻现实意义的社会发展成果、社会治理经验,形成了社会学研究特别是实证研究的重要历史机遇,也赋予社会学人贡献中国之理的当代使命。

中国式现代化实践的进程和中国社会学学科发展的道路相辅相成,社会学学科应当以中国式现代化建设作为学科发展的基础与方向。一方面,中国社会学扎根于中华优秀传统文化和中国式现代化的本土实践,从现代化中汲取灵感和经验。中国悠久灿烂的历史文脉、世界最大的人口规模、旗帜鲜明的中国特色社会主义道路,都形成了独特而宝贵的底蕴与经验,正在为我们提供独一无二的观察视野、空前规模的海量数据和新颖独特的理论视角,并助力中国社会学在人类现代化道路上的多样性探索。另一方面,社会学研究必须服务于中国式现代化,并接受中国式现代化发展实践的检验。特别是与国际前沿齐头并进、吸收其他学科前沿技术与成果的定量社会学,应该心怀国之大者,立足于世界百年未有之大变局,秉持中华民族伟大复兴的国家战略,为社会指标提供精确的测量,为社会现象指出准确的机制,为社会治理提供有效的建议,提高社会学服务国家治理体系现代化的能力。

关键指标测量与中国式现代化指标体系构建

测量社会是分析社会的基础。社会学家不能仅仅基于个人生活经验推演社会规律,更需要借助大样本数据描述现象,发现问题,评估效果,把握普遍的社会事实,而定量社会学的基本出发点就是科学地测量现代化进程中的关键性社会指标。简单来说,在微观层面,社会学者一般用设计、发放、分析调查问卷的方法,了解居民的生活状态、社会心态、发展动态,如直接询问居民幸福感和获得感的程度,对自身阶层和代际流动的认知,社会关系和社会融入的状况,等等。在宏观层面,社会学者一般运用互联网大数据等多元的数据形式,以县、市、省等行政区划为基本分析单位,生成各区域社会的关键指标,如基于电子政务平台挖掘人民的现实问题与需求,基于裁判文书数据衡量城市犯罪率、明确犯罪聚居地,使用电信数据描绘各省市人口流动路径,等等。特别是,对于具有一定敏感性和隐匿性的社会现象,如特殊人群和社会行为的数量与时空分布,定量社会学可以利用互联网痕迹数据,结合基于机器学习的社会预测等方法,尽可能减少调查者对真实情况的"隐匿",实现对"敏感性社会指标"更客观和科学的测量与校准。

在实现测量的基础上,我们有能力构建中国式现代化指标体系。自 19 世纪末社会学诞生以来,西方学者就一直凭借其建立理论、方法和知识体系的先发优势主导学科发展。其社会测量指标脱胎于西方工业与后工业社会的经验性现实,且存在对非西方文化俯视、忽略的心态,不自觉地带有"方法论民族主义"的烙印,显然不能完全适用于历史沿革、文化环境、治理模式都与西方千差万别的中国,也不符合社会、文化更为多元的全球化世界。在这种情况下,同时包含主流与少数群体,覆盖个体、地区和国家的多层次中国式现代化指标体系凸显出重要的战略性意义。大数据时代的到来在某种程度上打破了西方学界的方法论垄断,只有充分挖掘、校准数据,既保证时空规模,也揭示隐藏事实,才能真正实现学术"自觉",冲破带有历史终结式自负的西方话语桎梏。

第一,现代化进程中社会问题和现象的因果机制分析。定量社会学研究并不仅仅满足于对社会现象时间变化和空间分布进行简单的描述性分析,而是进一步借助统计计量模型或机器学习等手段,比较和探究哪些因素会导致社会现象的变化。为了服务中国式现代化进程,必须解释出现社会问题的原因,才能为改善和优化社会治理提供可能的路径。

一般情况下,使用回归分析等统计模型能够反映哪些自变量会影响因变量的变化,以及影响的大小和方向;更进一步,使用对照实验、工具变量、倾向值匹配、断点回归、双重差分、合成控制等因果推断方法,可以更严谨地证明社会现象间清晰的逻辑关系链,为服务社会找到下至改善生活经历、上至促进社会治理的可干预路径。例如，通过量化分析手段分析关系文化是否抑制市场化水平和人口流动，ChatGPT 的出现是否真正影响就业，城市基础设施建设如何能更好地提高居民的获得感等。这些针对中国式现代化进程中涌现的新问题、新现象的机制分析，正在服务于与人民幸福生活息息相关的"国之大者"，助力社会治理的科学化、有效化。

第二，现代化进程理论特别是中国治理理论的发现与提炼。定量社会学呼吁一种直接基于数据、以算法模型来生成和验证理论的思维能力，或称之为第二种社会学想象力。这种想象力不仅仅立足于将学者的个人生活体验上升至社会共同经验的单纯的视角转变，而是充分运用中国式现代化指标体系，把中国式现代化历史进程中涌现的对象化信息，通过数据降维、建模拟合、统计推断、可视化处理等数理逻辑转化为扎根于中国治理理论的概念提炼或理论总结，以"中国之治"建设"中国之法"，完成数据到知识的"相变"。这种想象力有助于形成对米尔斯社会学想象力求诸个人心法的时代补充。

中国社会是一个历史悠久、规模庞大的复杂组织系统，中国式现代化治理的实践经验在人类发展史上绝无仅有。扎根于中国的特有社会现象，如巨大城市群的发展和城镇化建设、超大规模的农民工流动和社会融合、独特的教育制度与医疗改革、卓有成效的乡村振兴和基层治理、相辅相成的脱贫攻坚和共同富裕等，需要中国定量社会学在海量数据和严密数理逻辑的基础上开辟出一条与西方社会现代化进程理论相异的"东方路径"，为人类社会制度的探索提供中国方案。这种中国治理理论的总结提炼意味着：自足的数据、自有的概念、自治的理论、自产的方法、自立的学科、自明的话语、自成的体系。它必须深刻植根中华文脉、深度聚焦中国之治、有力助推中国式现代化、系统建构中国自主知识体系。

提高定量社会学服务中国式现代化的能力

伴随着大数据的规模化获取以及计算社会科学分析方法的普及,定量社会学能够借助更先进的科学生产力,以大历史时间纵深和大空间地域跨度的全新视角分析社会现象。

传统数据与大数据的结合。传统调查数据主要通过问卷获取微观个体的行为和态度。在信息的数字化进程中,搜索引擎指数、自媒体文本、新闻媒体报道、数字化图书影视资料、GIS 地理信息等形式多样的大数据能够充分助力定量研究者,为透视当代社会、重现宏大历史、揭秘文化脉络、澄清社会事实、呈现复杂现象等研究领域带来全新视角和重大突破。

传统方法与计算方法的结合。传统定量社会学分析以统计计量分析(如回归)为主,探讨变量间的相关或因果关系。而计算方法和社会学的结合将催生不一样的化学反应,如使用自然语言处理技术挖掘海量非结构化文本信息,揭示文化结构;运用机器学习技术对具有社会隐匿性或重要性的指标进行预测,建构复杂非线性关系和多变量交互作用的模式;基于 GIS 地理分析技术探究社会现象的地理特征和空间分布;等等。

理论观照和实证观照的结合。传统社会学以演绎逻辑支撑的理论证伪为研究取向,但在理论生产能力上存在不足。想要实现完整的科学研究闭环,不能仅仅进行"后置"的科学检验,也必须利用数据资料直接助产理论假说。定量研究应该呼吁基于数据产生的第二种想象力,包括利用计算扎根的"逆向思维"、因果推断的"外生思维"、呈现结构的"可视思维"、移植指标的"借喻思维"、仿真社会的"实验思维"、模型拓展的"延展思维"、时空跨越的"跃迁思维"、校准指标的"预测思维"、测量宏观的"具象思维"。结合理论观照和实证观照以进行量化研究,才能更主动地参与到理论生产中去,为社会学想象力插上数据和算法的翅膀,也为中国式现代化社会治理提供决策依据。

（作者系南京大学社会学院教授）

中国式现代化探索智能文明新形态

◇高奇琦

习近平总书记在学习贯彻党的二十大精神研讨班开班式上重要讲话中指出,中国式现代化代表人类文明进步的发展方向,展现了不同于西方现代化模式的新图景。在智能革命的新阶段,中国式现代化表现出鲜明的特色,展现出在共同富裕和高质量发展的新框架下探索人类智能文明新形态的巨大潜能与优势。

第三次工业革命与中国式现代化进程

中国整体意义的现代化进程主要是在新中国成立之后开启的。此时,世界已经经历了蒸汽革命和电力革命,进入以信息革命为特征的第三次工业革命。

第三次工业革命即信息革命,可细分为计算机革命、互联网革命和移动互联网革命三个阶段。计算机革命主要发生在二战结束到冷战结束这一时期,以美国为主导。在西方启动计算机革命早期,新中国刚刚成立,并在苏联支持下开始大规模推动现代化,主要以计划经济为特征,强调国家对整体社会的动员。这一模式使中国在较短时间内完整地建立了现代工业部门,对于经济重建和迅速恢复有重要帮助。改革开放后,中国重新启动对现代化的整体性探索,结合中国国情发展出一套社会主义市场经济体制。

互联网革命主要发生在 20 世纪 90 年代到 21 世纪前十年。在西方发达国家推出网页浏览器、门户网站和社交通信软件等产品后,中国市场也快速跟进。在 21 世纪第二个十年,世界进入了移动互联网阶段。这一阶段,中国互联网企业在业务创新等方面走到世界最前列,如腾讯推出的微信和阿里推出的支付宝在移动应用的整体效应方面处在世界最前沿。

整体来看,在第三次工业革命阶段,中国整体性地启动了现代化进程,并逐步完成了对世界一流国家从远距离追赶到近距离追赶的转变。部分互联网应用甚至走到世界最前列,这些成就体现出中国式现代化的重要价值,是对苏联模式和美国模式的改造性学习和超越。

智能革命与现代化模式的竞争

目前,世界正处在第四次工业革命(即智能革命)的门槛上。人工智能的发展经历了 20 世纪 50 年代到 70 年代的符号主义、20 世纪 80 年代到世纪末的关联主义以及 2006 年至今的新关联主义,目前仍处在第三波的新关联主义浪潮中。第三波浪潮中,由于算力、数据和算法的整体效应,人工智能在短期内产生了爆发性的影响。2016 年 AlphaGo 战胜李世石,2022 年底至今 ChatGPT 在全球范围火爆。前者代表了专用人工智能的高度,而后者代表了通用人工智能的可能突破。

一方面,美国在人工智能相关技术上仍然处于明显的领先地位。相比于美国同行,国内相关企业在 ChatGPT 这样的通用大模型技术上还存在明显差距,中国在人工智能技术领域还未出现引领性的突破。另一方面,中国在移动互联网革命阶段表现出某些优势。例如,在市场应用效应、规模效应、科技人才总量以及整体制度规划等方面,中国都表现出人工智能领域的强大基础。

美国正是看到了中国与美国在智能革命领导权方面形成竞争的可能,才采取一系列政治、经济、外交的多重手段来打压中国的科技创新。具体手段主要包括:通过实体清单等方式明确对中国的科技企业采取市场歧视性的做法;直接关闭或限制与中国的科技合作和科技交流;构筑科技价值观联盟,并通过联盟限制联盟内成员与中国合作。整体来看,美国希望构筑某种科技俱乐部体制,通过"小院高墙"的策略将先进的生产力闭锁在可控范围,防止中国等发展中国家获得先进生产力。这一做法明显是逆历史潮流而动,也反映了美国在抢占智能革命领导权上的焦虑。

智能革命领导权竞争的关键是现代化模式的竞争。尽管半个世纪之前一些西方发达国家就已宣布进入丹尼尔·贝尔所讨论的"后工业社会",然而包括美国在内的一些西方国家似乎正在重启现代化。一个重要例证是,美国最近两届政府都极为强调基础设施建设以及再工业化。近期,美国将台积电部分先进芯片制造产能转移到美国本土,可以看成其再工业化努力的标志性事件。这意味着,无论哪个国家要获得智能革命的领导权,都需要不断完善和发展现代化的成果。现代化在很大程度上表现为一个长期韧性过程,需要不断进行内部调整和完善。

智能文明新形态的中国优势

智能革命意味着一场新的生产力革命，一方面为人类社会带来巨大潜能，另一方面也会造成创造性破坏的重构效应。近期火爆的ChatGPT是通用大模型和生成式智能的一种结合，生成式智能意味着可以生成一些全新的内容，如图片、音乐、视频、诗歌或小说。这在根本上将挑战人类的创新潜能，许多人类职业如艺术设计、语言工作、法律助理和数据分析等都可能受到巨大冲击。

在这种创造性破坏效应之下，整体性的制度优势变得极为重要。例如，在智能革命的背景下，可以充分运用新型举国体制探索一种新型分工体系。这一过程中，要充分发挥头部企业在智能革命基础架构方面的作用。头部企业可以在公共算力池的设计和准备、通用数据平台的建立以及前沿算法的开源和普及化等方面做很多探索。同时，广大中小企业甚至积极的公民个体都可以利用这些公共的资源和平台，做更多创造性活动。国家则需要在整个过程中形成在产权权益和创新权益保护的配套制度。另外，智能革命可能会带来较为严重的失业问题和极化效应。这种极化效应会导致社会的内在冲突和不稳定，这时尤其需要整个政治体制发挥向心作用，近年来中国式现代化极为强调的共同富裕就变得至关重要。

因而，在未来的整体性智能文明发展中，需要创新与责任的结合。一方面，通过原始性的创新，使中国在生产力方面走到世界前列；另一方面，需要一种整体性的制度设计，来保证至少绝大多数社会成员可以享受智能革命的红利。这就需要我国的政治制度在进一步完善的过程中发挥强大的整合效应。在智能文明的创造过程中,中国式现代化的模式与特征也需要进一步完善,并有望成为构筑智能文明新形态的一种典型范式。

（作者系华东政法大学政治学研究院院长、教授）

世　界　篇

中国式现代化的世界意义

◇冯维江

中国式现代化蕴含了富有特色的世界观、价值观、历史观、文明观、民主观、生态观。中国式现代化倡导人类命运共同体理念，推崇包括文明、和谐、自由、平等等元素在内的社会主义核心价值观和包括和平、发展、公平、正义、民主、自由要素的全人类共同价值，秉持推进人类解放事业不断进步的唯物史观，奉行"各美其美，美美与共"的文明交流互鉴理念，践行全链条、全方位、全覆盖的全过程人民民主，追求天人合一、民胞物与的人与自然和谐。中国式现代化代表了人类文明进步的方向，为"世界向何处去"作出了重要探索，为广大发展中国家独立自主迈向现代化树立了典范、提供了全新选择方向，具有重大的世界意义。

经济层面，中国式现代化提供了一条创造和维持"经济快速发展和社会长期稳定奇迹"的行稳致远之路。从经济增长速度来看，1980—2022 年中国实际 GDP 增长率均值为 9.1%，不仅高于同期发达经济体的均值 2.3% 以及新兴和发展中经济体的均值 4.4%，在二十国集团（G20）为代表的世界主要国家中也是名列前茅，比排名第二的印度高出 3 个百分点，比发达经济体中排名第一的澳大利亚高出 6.1 个百分点。

社会稳定性与经济增长密切相关。政治、社会、文化等重要的传统或非传统国家安全领域的内外部冲击相互叠加或抵消,最终造成的未必是经济增长均值的下跌,而更加直观表现为经济波动的加剧。用实际 GDP 增长率的标准差可以简单考察经济波动的情况。在其他条件相同的情况下,标准差越小,意味着经济波动性越小,也就是国家经济社会发展的稳定性程度越高。从这个角度看,中国在高速增长的经济体中也表现出相当的经济社会稳定性。G20 各国中 1980—2022 年实际 GDP 增长率均值超过 4% 的是中国、印度、韩国、印尼和土耳其,其中中国增长率的标准差为 2.99,仅比印度的 2.81 略高,显著低于韩国的 3.98、印尼的 3.58 以及土耳其的 4.2。与英国(2.65)、意大利(2.48)、日本(2.38)、美国(2.03)等发达经济体一样,标准差都处于 3 以下。更加难能可贵的是,近 40 年来,发达国家多稳定于相对较低的增长水平,而中国则是在相对较高的增长水平上保持了稳定,并因此形成了"东升西降"世界变局。

制度层面,中国式现代化提供了一种底蕴深厚、开放包容、文明进步的人类文明新形态。习近平总书记指出,中国式现代化,深深植根于中华优秀传统文化,体现科学社会主义的先进本质,借鉴吸收一切人类优秀文明成果,代表人类文明进步的发展方向,展现了不同于西方现代化模式的新图景,是一种全新的人类文明形态。中国式现代化,打破了"现代化=西方化"的迷思,展现了现代化的另一幅图景,拓展了发展中国家走向现代化的路径选择,为人类对更好社会制度的探索提供了中国方案。

自社会主义诞生特别是作为一项伟大制度为人类社会中一些国家接受以来,新旧制度之争就没有停息过,有时还特别尖锐以致剑拔弩张。在核阴云笼罩世界之后,人类毁灭自身的风险一直存在。近年来,美国更是以"竞争"为名,虚构所谓"民主对决威权"的叙事,"量盟友之物力、逞本国之私心",打压霸凌"竞争对手"的同时掠食盟国产业。作为绵延数千年的文明古国,中国早已形成"君子之争"的礼仪制度安排,正所谓"君子无所争。必也射乎! 揖让而升,下而饮。其争也君子"。中国式现代化,反映了对"君子之争"这一中华优秀传统文化的创造性转化和创新性发展,通过走和平发展道路的现代化,为大国竞争建章立制,"提倡公平公正基础上的竞争,开展你追我赶、共同提高的田径赛,而不是搞相互攻击、你死我活的角斗赛",实现全球范围内的竞争性共同繁荣。

理念层面,中国式现代化提供了一条"外不掠夺、内无剥削"而实现现代化的道义充盈之路。在漫长的数百年之中,西方所主导的人类现代化进程在加速积累现代化因素的同时,也在加速积累落后因素,即那些暴力、专制、迷信、腐败、无知、粗野和道德堕落的因素。西方主导的现代化的两个主要表现,一是在世界范围内,宗主国或发达国家的现代化因素的积累和殖民地或欠发达国家的落后因素的积累同时增加。二是国家之内,处于剥削地位的阶级、族群、地区的现代化因素的积累和处于被剥削地位的阶级、族群、地区的落后因素的积累同时增加。西方主导现代化的进程,也是"道义赤字"不断增加的进程。西方国家对"新大陆"殖民地直接的血腥掠夺和压榨,西方国家彼此之间为争夺财富和权力而兵戎相见,西方国家用现代化暴力手段打开东方世界的广阔市场,英国"圈地运动"、美国"西进运动"等国内统治剥削者对本国劳动阶级、印第安人等被统治被剥削者群体的压迫,以及资本主义生产方式确立之后马克思形容的"对直接生产者的剥夺,使用最残酷无情的野蛮手段,在最下流、最龌龊、最卑鄙和最可恶的贪欲的驱使下完成的",都在人类道德账簿上书写了西方主导现代化的一笔又一笔血红的赤字。

与此不同,中国式现代化强调树立人类命运共同体理念,在此基础上以"一带一路"的共同现代化发展促进普遍安全和持久和平。其实质即是立足发轫于人类本源的统一性,把彼此间原拟用于压迫与反压迫、剥削与反剥削的相互设防的资源,转换为应对共同挑战、促进共同利益的规模收益,帮助人类整体和全面地从落后状态中超越出来,进入饱满充盈的现代化世界。

(作者系中国社会科学院世界经济与

政治研究所研究员)

中国式现代化打破
"现代化＝西方化"迷思

◇韩　震

2023 年 2 月 7 日,习近平总书记在学习贯彻党的二十大精神研讨班开班式上的重要讲话中强调,概括提出并深入阐述中国式现代化理论,是党的二十大的一个重大理论创新,是科学社会主义的最新重大成果。中国式现代化及其理论,对于中华民族伟大复兴战略目标的实现具有广泛而深刻的意义,同时也彻底打破了"现代化＝西方化"的迷思,为人类文明发展进步提供了有历史意义的镜鉴。

现代化进程有一般规律,更有基于一国实际的特殊规律。习近平总书记指出,中国式现代化,深深植根于中华优秀传统文化,体现科学社会主义的先进本质,借鉴吸收一切人类优秀文明成果,代表人类文明进步的发展方向,展现了不同于西方现代化模式的新图景,是一种全新的人类文明形态。这里所说的"全新"是指在现代化一般规律基础上所展现的符合中国实际的"中国特色"。中国式现代化的特色在于,这是人口规模巨大的现代化,是全体人民共同富裕的现代化,是物质文明和精神文明相协调的现代化,是人与自然和谐共生的现代化,是走和平发展道路的现代化。关于中国式现代化五个方面的中国特色,既是理论概括,也是我们在推进现代化进程中的实践要求。也就是说,无论是从价值取向还是从实践要求来说,中国式现代化都打破了"现代化＝西方化"的迷思,展现了不同于西方现代化的另一幅图景。

首先,中国式现代化打破了"现代化就是西方化"的神话。毫无疑问,人类社会的现代化必然有其共性,因而各国的现代化都要遵循现代化一般规律,但是由于时空条件的差异,不同国家走向现代化的道路更要有自身的特性。这种特殊性是不同国家基于自身现实条件,选择符合本国实际、具有本国特色的路径和策略的结果。虽然现代化最初从西方开始,但是现代化并不是西方化。世界历史的发展是不平衡的,不同民族往往在不同的历史时期起到某种"带头作用",成为所谓具有"世界历史意义"的民族。相对于中东、南亚、东亚古代就产生的灿烂文明,西方的崛起是非常晚近的事情。大约1500年起,西方靠殖民掠夺奠定了其"起手优势",又靠对劳动者的剥削压榨进行原始积累,并且通过不平等贸易强化了其在"世界体系"中的支配地位,这是西方现代化的"共性"。正如英国评论家卡洛斯·马丁内斯指出的,"西方的现代化是帝国主义的现代化"。新中国成立特别是改革开放以来,我们用短短几十年时间就完成了西方发达国家几百年走过的工业化历程,创造了经济快速发展和社会长期稳定的"中国奇迹",为中华民族伟大复兴开辟了广阔前景。除了用时不一样,中国式现代化还走出了一条与西方现代化迥异的道路,中国作为一个人口规模巨大的国家,靠自身的努力和创造成功推进和拓展了现代化进程,表现出独立自主、和平发展、公平正义、可持续等基本特征,这不仅是对人类集体认识和人类文明进步的宝贵贡献,而且也令人信服地证明:不走西方的道路,不仅可以而且能够更好地推进现代化进程。

其次，中国式现代化向世界展示了现代化道路不止一条，每个国家都可以基于自身实际，走一条符合自身特点的现代化道路。以哲学的观点看，现代化的特殊性是历史的、现实的和存在性的，其普遍性则是寓于特殊性之中的抽象。实践证明，由于中国式现代化符合中国国情，因此在中国走得通、行得稳，是强国建设、民族复兴的唯一正确道路。可以设想，其他发展中国家只要选择符合本国国情的道路，也会找到一条走得通的现代化道路。实际上，西方各个国家的现代化进程除了共性之外，也各自有本国的特性。如英国是靠海洋霸权走强盗式"自由贸易"（如贩卖鸦片）的路径，美国走的是殖民和压迫黑奴的道路，而德国、日本等后起资本主义国家走的是国家主导的带有军国主义色彩的道路。西方为了在话语权上占据支配地位，往往省略甚至掩饰它们之间的差异性，而杜撰出了所谓自由贸易和市场经济的"西方现代化"神话。在西方人看来，只有走西方的道路才能够实现现代化，只有依附于西方才能在世界体系中生存。中国以社会主义道路成功推进的中国式现代化，不仅证明了走向现代化的道路是多样的，并非只有西式道路的"独木桥"，从而打破了"现代化＝西方化"的迷思，而且也为人们以更加新颖和广阔的视野反观西方国家现代化进程提供了不同路径，让西方内在的差异性暴露无遗。也就是说，不仅现代化不等于西方化，发展中国家可以且只能选择走符合本国实际的道路，而且西方现代化除了掠夺和压迫的共性之外，它们之间可能也没有多少可资借鉴的共同性。实际上，西方的现代化不是单数而是复数的，现实中根本不存在所谓内在一致的西式现代化道路，"西方现代化"只是某些人编造出来的一个唬人的神话。

最后，中国式现代化彻底粉碎了"历史终结论"的呓语，给人类世界未来的文明进步带来新的希望。可以说,"历史终结论"是"现代化＝西方化"迷思的极端形态。基于苏联解体的历史事件,美国政治学者福山认为,历史在逻辑上已经达到了"完成时",即政治上的"西式民主",经济上的"资本主义自由市场经济",今后的历史再也没有什么新东西了,有的只是量上的变化而已。这种观点集中体现了西方人的历史傲慢。人类社会的发展是不以人的意志为转移的,历史前进的步伐也是不会停下来的。历史是无情的审判官。实际上,人们越来越意识到,西方现代化本质上是把实力作为"权力",把历史形成的不平等固化为"规则",把弱肉强食视为世间生活的"真理"。西方现代化是让一部分民族支配其他民族,让少数人支配大多数人的现代化,这不仅是不人道的现代化,也是与历史前进步伐背道而驰的现代化。随着人类社会的进步,世人越来越认识到西方现代化的局限性。中国式现代化在展现出另一幅现代化独特图景的同时,也提供了一种更加符合人类福祉的可能性,从而拓展了发展中国家走向现代化的路径选择,为人类对更好社会制度的探索提供了中国方案。中国不仅大力提高生产效率推动经济快速发展,而且努力创造物质文明和精神文明相协调的发展状态;中国不仅经济发展非常迅速,而且在保障人均收入方面取得了巨大进步;中国不仅自身发展,而且愿意以合作共赢的理念加强国际合作,促进世界各国共同发展;中国不仅靠自身的艰苦奋斗发展,而且坚持走和平发展道路,不走国强必霸的老路;中国不仅推动经济社会发展,也大力建设人与自然和谐共生的生态文明。中国式现代化蕴含着天下大同的世界观、人民至上的价值观、人民群众是创造者的历史观、不同文明间交流互鉴的文明观、全过程人民民主的民主观、人与自然和谐共生的生态观等及其伟大实践,这是中华民族对世界现代化理论和实践的重大创新。当然,正像我们知道现代化不是西方化,我们也绝不认为现代化就是中国化。不过,中国人民对现代化道路的探索,为广大发展中国家独立自主迈向现代化树立了典范,为其选择路径提供了全新的参照。

路是走出来的,事业是干出来的。推进中国式现代化,是一项前无古人的开创性事业。我们的现代化进程还在路途中,全面建成社会主义现代化强国的目标还有待我们去实现。中国式现代化这一全新的事业,不仅有自身的复杂性、艰苦性和长期性,而且还会遇到很多外部阻力,因此必然会遇到各种风险挑战、艰难险阻甚至惊涛骇浪。我们必须增强忧患意识,坚持底线思维,居安思危、未雨绸缪,敢于斗争、善于斗争,通过顽强斗争打开中国式现代化事业发展新天地。

(作者系北京师范大学学术委员会主任、教授)

理解中国式现代化特质及其
世界历史意义的四重维度

◇孙乐强

习近平总书记在学习贯彻党的二十大精神研讨班开班式上的重要讲话,全面深化了对中国式现代化的内涵和本质的认识,深刻阐述了中国式现代化的中国特色、本质要求和重大原则,全面构建了中国式现代化的理论体系和实践方略,系统回答了为什么建设现代化、建设什么样的现代化、怎样建设现代化等一系列重大理论和实践问题,是对共产党执政规律、社会主义建设规律、人类社会发展规律认识深化和理论创新的重大成果。我们必须以大历史观为指导,站在世界历史的宏观视野,基于中国自身的自主性,通过与西方现代化道路的比较分析,全面学习领会习近平总书记重要讲话的精神实质与核心要义,全面深化对中国式现代化的科学内涵、中国特色、本质要求及其世界历史意义的理解,把握其背后的道理、学理、哲理,做到知其然、知其所以然、知其所以必然!

从中国来理解中国：
阶段性和整体性的辩证关系

在相当长的历史周期内,中国都曾是世界上最发达的农业文明国家,形成了滋养当今中国和世界的中华优秀传统文化。近代以来,中国遭遇"三千年未有之变局",沦为半殖民地半封建社会。为实现民族独立、国家富强,无数仁人志士为此苦苦求索、进行各种尝试,但都以失败告终。只有中国共产党,只有马克思主义中国化,以一场彻底的新民主主义—社会主义革命解决了这一问题,为实现现代化创造了根本社会条件,奠定了坚实物质基础。改革开放40多年的快速发展,为中国式现代化提供了充满新的活力的体制保证和快速发展的物质条件。党的十八大以来,以习近平同志为核心的党中央,不断实现理论和实践上的创新突破,成功推进和拓展了中国式现代化,初步构建中国式现代化的理论体系,为中国式现代化提供了更为完善的制度保证、更为坚实的物质基础、更为主动的精神力量。中国历史和实践以铁一般的事实证明,没有中国共产党,就不可能有新中国,更不可能成功开创中国式现代化道路;以铁一般的事实证明,中国式现代化一开始就是与中国共产党的领导和马克思主义中国化内在联系在一起的,这是理解中国式现代化道路的根本性质和本质要求的根基。中国是过去、现在和未来的连续整体。要完整把握中国式现代化的中国特色及其中国意义,就必须超越阶段性和小周期,上升到作为整体的中国和大历史观的高度。正如习近平总书记所言,如果没有中华五千年文明,哪里有什么中国特色?如果不是中国特色,哪有我们今天这么成功的中国特色社会主义道路？中国式现代化深深根植于中华优秀传统文化，脱离了后者，就无法完整理解中国式现代化的中国特色。同样，要把握中国式现代化的中国意义也必须超越阶段性的小周期，决不能就新时代谈新时代、就百年谈百年，应该立足中国的整体性，将其放到党史、新中国史、改革开放史、社会主义发展史、中华民族发展史的坐标系中，才能更深刻理解中国式现代化对中华民族、世界社会主义运动和整个人类文明的重大贡献。

从世界来理解中国：
全球性和民族性的辩证关系

从世界范围来看，现代化是各民族各国家面临的一个普遍问题。西方发达资本主义国家在现代化方面起步较早，探索形成了一条实现工业化与现代化的发展道路。在相当长的一段时期内，它们掌握着现代化道路的阐释权和话语权，甚至把自身道路夸大为放之四海而皆准的唯一道路，制造出了"现代化＝西方化"的叙事神话。然而，世界历史已充分证明，西方现代化不过是在西方特有的社会土壤中产生的一条民族化道路，是一条"以资本为中心的现代化、两极分化的现代化、物质主义膨胀的现代化、对外扩张掠夺的现代化"。与之不同，面对实现现代化的历史重任，中国走出了一条不同于西方的现代化道路，它不仅遵循了现代化的一般规律，更彰显了中国自身的鲜明特色。党的二十大报告明确将其概括为五个方面，即中国式现代化是人口规模巨大的现代化、是全体人民共同富裕的现代化、是物质文明和精神文明相协调的现代化、是人与自然和谐共生的现代化、是走和平发展道路的现代化。与西方相比,中国式现代化体现了完全不同的世界观、价值观、历史观、文明观、民主观、生态观,打破了"现代化＝西方化"的迷思,是对世界现代化理论和实践的重大创新。中国式现代化道路的形成以铁一般的事实证明,现代化道路绝不是单一的,而是多元的;以铁一般的事实证明,面对实现现代化的全球性普遍问题,不同民族国家只要能够找到顺应时代潮流、符合本国实际、反映人民意愿的发展道路,就有可能实现现代化建设的华丽转身,走出一条具有自身特色的现代化道路。

从中国来理解世界:
特殊性和普遍性的辩证关系

马克思说:"凡是民族作为民族所做的事情,都是他们为人类社会而做的事情。"习近平总书记也指出:"越是民族的越是世界的。解决好民族性问题,就有更强能力去解决世界性问题;把中国实践总结好,就有更强能力为解决世界性问题提供思路和办法。这是由特殊性到普遍性的发展规律。"中国式现代化是在中国大地上形成的一条具有中国特色的发展道路,因而体现了鲜明的特殊性。然而,作为一种后发道路,中国式现代化积极借鉴吸收了一切人类优秀文明成果,扬弃了西方式现代化的弊端,开创了一种全新的人类文明形态:和平发展道路对对外扩张道路的超越、以人民为中心对以资本为中心的扬弃、从生态危机到生态文明的升华、从弱肉强食的国际旧秩序到人类命运共同体、从零和博弈到合作共赢、从形式民主到全过程人民民主、从单数的文明观到"和而不同"的文明理念，等等。就此而言，中国式现代化为解决人类面临的世界性问题提供了更值得借鉴的一般经验和更优方案，为人类探索更好的社会制度提供了独具匠心的中国智慧、中国方案。因此，决不能仅仅基于特殊性来认识中国式现代化，更不能将其扭曲为社会发展的一种例外或个别案例，否则就抹杀了中国式现代化所包含的普遍意义。

从世界来理解世界：
多样性和统一性的辩证关系

唯物史观和历史道路属于两个不同层面的问题：唯物史观阐明了人类社会和世界历史发展的一般规律，体现了人类历史发展的统一性；而历史道路则是唯物史观具体化的产物，体现了历史发展的多样性。如习近平总书记指出的："世界上没有放之四海而皆准的具体发展模式，也没有一成不变的发展道路。历史条件的多样性，决定了各国选择发展道路的多样性。"从历史道路的角度而言，我们必须超越民族—国家主义的狭隘视野，站在世界主义的高度来理解世界和世界历史，"以天下观天下"，尊重历史发展道路的多样性。从人类社会发展的最终趋势来看，西方现代化虽然开创了世界历史，但它绝不是世界历史的最终完成者，以狭隘的民族—国家主义和西方中心主义为根基的西方现代化道路，注定会在世界历史的滚滚洪流中暴露出其根本性缺陷。就此而言，中国式现代化又代表了时代大势和世界潮流的发展方向，代表了人类文明的进步方向。随着"百年未有之大变局"的不断演化和世界历史矛盾运动的不断深化,一种冲破资本主义世界体系的新格局必将到来,而且也必然会到来!

（作者系江苏省习近平新时代中国特色社会主义

思想研究中心南京大学基地研究员）

中国式现代化之路突破 "华盛顿共识"模式

◇大卫·古德曼（David Goodman）/文

白乐/译

　　作为社会科学中的一个重要概念，现代化从本质上而言，涉及政治、经济、社会、文化和环境等各领域的改善，以及社会视野中个体价值的提升。长期以来，世界视域中的现代化概念一直为欧美大国主导，而中国式现代化开辟了一条不同于"华盛顿共识"的道路。中国式现代化的特有模式为世界其他发展中国家提供了全新的发展思路，因而极具吸引力。

　　经济现代化是现代化的核心组成部分。自1978年改革开放以来，中国实现了令世界惊叹的经济增长，在经济现代化方面取得了举世瞩目的成就。值得注意的是，与许多西方国家相比，中国在实现经济多元化发展方面的表现更为优异。在坚持公有制为主体的同时，中国注重引导个体经济、私营经济等多种所有制经济的发展，二者相辅相成、相得益彰，这成为中国经济现代化的独有特征。同时，在过去几十年里，中国在卫生、教育、服务等领域的成绩引人注目。除了得益于全球化发展带来的普遍红利，中国现代化的飞跃式发展也得益于长期以来稳定的国内政治社会体制及国家层面对社会成员主动性的激励。

在现代化的实施方面,中国与西方国家的一个区别在于中国政府对于"因地制宜"政策的必要性有着深刻认识,这对于塑造良好的现代化发展环境发挥了举足轻重的作用。改革开放以来,中国各级地方政府实施了适合当地经济水平的现代化发展政策,激发了地方经济活力,为改善当地民生带去了福利,尤其是中国农村地区的民众成为最大受益者。

现代化既需要强大的市场,也需要强大的政府。在中国式现代化推进过程中,市场是实现资源高效配置的核心,而政府发挥着充分调控的作用。长期以来,美欧等西方国家的现代化建立在私人资本积累的基础之上,但在中国等亚洲地区,政府在现代化推进过程中扮演着更为关键的角色。与西方现代化不同的是,中国政府致力于确保市场资源的获取和分配以及由此带来的现代化成果满足所有个体的需求,而不仅仅是符合少数富人的利益。这种"资源均衡分配"的重要性也在一些西方国家福利理念的发展中得到了体现。

然而,遗憾的是,自1980年以来,西方国家转向了削弱国家福利功能的新自由主义政策。由于过度强调私营经济,新自由主义政策严重忽视了公共利益。在新自由主义原则的主导下,一切市场活动都以攫取利润为中心,这显然违背了社会演进的规律。在一些西方国家,只追求经济发展而不考虑社会福利的西方现代化模式存在巨大弊端。

基于"华盛顿共识"模式的西方式现代化意味着国家政策只能满足大型游说团体等少部分利益集团的需求。在这一模式下,公共利益未能成为国家政策的驱动因素,而演变为对于"金钱至上"新自由主义神话的全盘接受。这种金钱至上、重商主义的模式在本质上具有极大的剥削性，当以这一方式创造社会生产力时，只会导致更大的财富不平等及机会不平等。而事实也的确如此。自 1980 年以来，西方国家社会不平等现象显著加剧，造成了一系列社会治理困境。

值得一提的是，中国人一直以来具有的团结思想与纪律意识，是令人钦佩的文化传统。在实施现代化的过程中，中国社会体现出了高度统一的国家认同感，这一点令西方国家难以企及。纵然前路漫漫，中国式现代化无疑正走在正确的道路上。在充满不确定性的当今世界，中国式现代化也为全球发展提供了新的机遇，我们有理由期待未来的中国式现代化之路为全世界带来福祉。

（作者系悉尼大学中国研究中心主任、教授）

中国式现代化：
适应中国发展实际的独特方案

◇乔治·佐戈普鲁斯（George N. Tzogopoulos）/文

白乐/译

自 1978 年以来，中国一直奉行坚定持久的现代化政策，改革开放战略的实施无疑对推动中国的现代化进程起到了关键性作用。与以资本主义为主导的西方国家现代化相比，中国式现代化是一种全新的社会治理模式。这一模式因与西方现代化处在不同的阶段、面临不同的挑战而呈现出不同的特质，是一种适应中国发展实际和国情需要的独特方案。

过去三年，中国克服了新冠疫情大流行带来的重重困难，实现了稳定渐进且富有活力的经济增长，中国将疫情防控政策与保持良好经济增长相结合的努力令人钦佩。同世界其他发展中国家一样，中国的现代化进程虽受到疫情持续扩散、全球经济低迷的影响，但仍成绩斐然。而当前疫情影响的降低意味着中国拥有大量的外商投资机会，市场发展势头强劲。根据一些国际机构的预测，2023 年中国经济增长前景乐观，尤其是旅游业将成为支撑增长的驱动力。

在中国实现现代化这一"国家长期工程"的过程中，"以人民为中心"的理念贯穿始终,构成了区别于西方式现代化的一大特色。例如,中国为缩小社会群体收入差距而提出的共同富裕值得全世界关注。一直以来,中国政府努力改善公民的生活条件,在消除绝对贫困方面的行动尤为值得称赞,堪称近年来中国所取得的最重要的现代化成就。但历史性地解决绝对贫困问题并不意味着现代化旅途的结束,中国当前仍面临艰巨的现代化推进任务。中国在巩固过去所取得的全面建成小康社会等现代化成果的同时,努力开创新的现代化发展机遇,将为实现更大的社会经济繁荣铺平道路。

良好的政府监管对提升现代化治理能力至关重要,尤其是在社会动荡时期例如全球金融危机或债务危机期间,政府监管须发挥更为重要的作用。然而,在西方国家,这一监管是松散无力的,导致应对危机的社会要素和资源无法被充分调度。与西方形成鲜明对照的是,中国拥有规范有序的政府机构,这对公共政策的执行产生了直接而积极的效应,对推进中国式现代化进程也起到了决定性作用。例如,近年来世界范围内频发的自然灾害表明,气候变化已严重影响到人类的生存环境和普通民众的日常生活。为应对这一挑战,中国在过去十余年间将环境保护作为可持续发展的首要任务,在国家层面为实现可持续发展实施了一系列长期发展战略,在国内和国际层面都取得了显著进展。短短数年间,中国在可再生能源使用领域实现了跨越式发展。中国在应对气候变化方面的做法表明了一个"有效政府"的重要性,为世界其他国家树立了典范。

当我们对中西现代化进行比较的时候,应当使用不同的衡量标准。西方发达国家完成工业化等现代化进程的时间节点早于中国,目前西方老牌工业强国已普遍进入后工业时期。然而,中国在推进现代化进程方面的速度之快是西方国家未曾经历的,这种速度与效率令人赞叹。就当前席卷全球的第四次工业革命而言,中国在技术领域创造了一个又一个奇迹,这表明中国不仅有强大的学习能力,也有勇于革新自我的能力。这些能力对于推进中国式现代化有着重要意义,也加强了中国在国际体系中的地位。对于当前欧洲的现代化进程而言,一个挑战是控制引发战争的尖端技术,让技术为维护和平作出贡献而非成为促进和平的障碍;对于中国现代化现状而言,需要考虑如何避免自动化、数字技术等造成的传统岗位流失、老龄人群被新兴科技边缘化等问题。

需要指出的是,现代化进程总是充斥着不平衡,发展与矛盾并存,这是现代化的典型特征,对世界各国而言都是如此。随着工业化、城镇化的不断推进,不同行业与领域之间的不协调性也会逐步凸显,西方国家在过去的现代化历程中曾面对这一现象,而中国当前的现代化进程也正面临着城乡发展的不平衡。中国式现代化的治理模式虽不同于西方国家,但现代化带来的失衡问题是相似的。应对这一挑战不分国界,国家政策和国际合作必须齐头并进。不同于一些西方国家政府的是,中国政府并未逃避问题,而是选择直面问题,并采取有效的措施,例如重点帮助低收入人群等铲除现代化带来的负面因素,这一务实的态度值得赞赏。

〔作者系欧洲研究国际中心(CIFE)欧洲—
中国项目主任、高级研究员〕

跨越理解中国式现代化的知识鸿沟

◇左立明（Zvonimir Stopić）/文

赵琪/译

    中国在 20 世纪末到 21 世纪的崛起史无前例,可以被理解为人类普遍取得的重大成就之一:它作为一个伟大的案例,表明通过团结、正确的领导和集体的决心可以成就许多事业。中国的成功不只属于自身,也不仅仅是连续发展的历史中的孤立事件。中国的成功是经过几个世纪的发展和对抗后一个开展全球合作的故事,在充满挑战的冷战时期创造了一个惠及全球的机会。中国发挥重大作用下的全球合作机遇为世界带来了众多利好,如全球生产力提高、技术飞速进步、教育普及全球、许多国家的预期寿命延长、世界多个地区的贫困率降低、全球供应链扩展、全球生活水平提高及财富增长等。

    但是,中国的发展道路是不容易理解的,也不容易将其准确地情景化。是考虑到当前和过去的现实,还是未来的可能性,理解中国的发展道路本身就是一个挑战。中国国内外学界需要努力研究,以便为全球共同的未来和人类的共同命运强基固本。

    从中国的角度来看,中国的快速发展"纠正"了 19—20 世纪东西方文明碰撞造成的许多不平等。晚清时期中国内部积贫积弱,民国初期中国的政治和社会混乱无序,这些情况导致中国没有能力建立一个适当的科学框架、社会框架和政治框架来应对周遭世界的快速变化,甚至连认识论层面的框架也没有。不过,正是在这个内部斗争和对外抗日战争交织的艰难时期,中国人展现出了非凡的力量。中国的历史多次表明,中国在其"至暗时刻"是最强大的,尤其是在所有人都笃定混乱将吞噬中国的时候。如同秦汉、隋唐、宋、明、清王朝的建立使得社会由乱而治,20世纪中叶的中国再次证明了自己可以找到其"内在力量",并克服一切困难重整旗鼓,走上伟大复兴的道路。在此过程中,毛泽东和中国共产党发挥了极其重要的作用,在毛泽东的领导下,中国共产党为新中国建立起一个社会和政治结构,邓小平、江泽民和胡锦涛等中国领导人得以在此基础上继续发展经济体系,使中国重新回到世界大国之列。今天,在习近平主席的领导下,中国成为一个有能力、独立自主、强大和有影响力的全球大国,主张以和平共处的理念塑造世界。

从外部——欧洲或美国——的角度看,中国的发展与欧美有相似之处但又不完全相同,可以说,大多数西方人仍将中国视作一个"谜"。中国的成功之路在西方很少得到恰当理解,他们往往只将中国的发展与自身进行直接比较,而忽视了过去40多年来中国历史进程的持久性、19—20世纪中国内部斗争的复杂性,以及中国所处的全球和区域地缘政治环境,遑论中国国内政治和社会发展的优势和局限性。这样的理解偏差并不出人意料,因为在人类历史的大部分时间里,欧洲和中国相距甚远,大多时候仅通过丝绸之路沿线的中间人或中介国产生联系。伊本·白图泰、鲁不鲁乞、马可·波罗和利玛窦等人仅仅将部分经过选择的关于中国的知识带回本国,而这些知识很少能融入欧洲普遍的思想流派中。奇怪的是,这种理解鸿沟很大程度上一直保留到今天,尤其是在政治和新闻领域,很多人每天仍在"发现"中国。尽管一些真正了解中国的专家和博学之人确实存在,但由于中国与西方的紧张局势常常一波未平一波又起,大多数人对中国的了解仍然是盲人摸象。这种了解方式阻碍了对中国的综合性认识,结果,不幸的是,这种理解更多是徒劳无功的。因此,虽然中国的现代化给世界带来了丰厚的利益,但世界上对中国知之甚少的国家仍将其视为某种"威胁"。

今天,我们生活在一个"声明"比"提问"更占上风的时代。在中国和西方两端,有太多的人没有意识到中国与西方之间存在知识和理解上的巨大分歧,他们宁愿做出符合自身对现实预想的局限性声明,也不愿提出问题来扩充对现实的理解和认识。此外,这些"声明"的形式往往是简短而狭隘的,很容易通过社交媒体来垄断人与人之间的互动交流。任何一方都不能幸免于此,因此,中国和西方应该努力克服这些挑战,以免彼此间理解的"裂痕"变成无法逾越的汪洋大海。为避免这种情况,双方应该致力于让未来的现代化进程尽可能地成为两者共同的进程。

(作者系克罗地亚学者、首都师范大学
国别区域研究院讲师)

中国式现代化：
世界历史视野中最成功的现代化案例

◇班恩·纳嘎拉（Bunn Nagara）/文

白乐/译

　　自1978年实行改革开放以来，中国在推进现代化进程方面所取得的成就在社会的方方面面都显而易见。这种现代化进程以一种令人惊讶的速度在许多方面深刻地改变了这个国家，并获得了世界范围内的广泛赞誉，堪称世界历史视野中最为成功的现代化案例。

健全的国家政策指导中国式现代化取得成功

　　在发展中国家，许多国家试图体验并效仿中国的成功实践，然而这并不容易。经济增长、基础设施发展和科学技术进步成为了中国现代化过去几十年来取得的最为瞩目的成就，这当中每一项在助力提高其他行业生产率方面都产生了指数级效应。信息通信技术的现代化极大地提高了人们的交流和学习能力，而数字化设备的应用从帮助农民提高作物产量到帮助学生更为高效地学习等方面都广泛惠及百姓生活。基础设施建设的飞速发展促进了社会各领域的互联互通,带动了中国各地的旅游、贸易、商品销售和出口,从而带来更强劲、更持久的经济增长。

现代化成功的要素包括确保"善治"的政府纪律及明确的政策重点,与民众有效沟通国家计划并增进理解和支持的能力,以及能够快速响应公共紧急事件的政府服务。这一原则适用于所有国家,不论其内部经济或政治制度如何。在东盟国家当中,新加坡是为数不多的拥有这些品质的国家,因而取得了比其他东盟国家更大的现代化成绩。

就中国的实际情况而言,从现代化建设之初起,国家政策就在其现代化进程中起着至关重要的作用。如果没有健全的国家政策作为顶层设计,中国现代化就不可能如此系统、持续、迅速和显著地取得成功。中国是一个人口众多、幅员辽阔的国家,因此从客观上而言,实现现代化所需的必要变革需要相当长时间的广泛行动。然而,令人赞赏的是,中国在短短几十年内发生了翻天覆地的变化,这种突飞猛进的"中国实力"源自中国政府与民众的良好合作,这成为了实现中国式现代化发展的重要内生动力。在中国,高效的政府管理方式离不开长期以来政府官员们勤奋而踏实的努力。他们总是能够从乡镇及省市县各基层获取反馈,并以此制定更为详细的政府计划。得益于政策透明度,无论是在农村还是城市,人们都能够清楚地知晓现代化在改善其生活水平方面的助益作用,从而对政策的计划实施给予大力支持。除了系统长远的国家规划,中国式现代化成功的关键因素还包括避免和纠正过去所犯错误的意愿,以及适时调整政策以改善现状的决心。

中国式现代化诸多经验值得借鉴

中国式现代化的成功对于包括东盟国家在内的许多南半球发展中国家而言，有许多值得借鉴的地方。例如，中国在反腐败这一重要领域的实践值得世界各国学习。腐败是一种国际普遍存在的犯罪行为。作为一种颇具破坏性的力量，它可以从内部彻底摧毁一个国家。一个国家的经济增长越快，腐败摧毁国家政权、破坏政府公信力的风险和可能性就越大。因此，任何一个可信的政府都必须尽最大努力进行反腐建设。源于对中国在各级政府层面反腐所取得的成功的钦佩，许多国家也希望加入全球反腐队列。基于在国内反腐的成功，中国可以将其做法推广至全球并成为新的全球反腐运动的国际领导者。

此外，对任何社会而言，经济快速发展及高增长都会造成贫富分化，若不加以人为限制，足以撕裂一个国家。现代化要取得成功并实现可持续发展，国家增长和发展的成果应惠及所有人，这意味着巨额财富的创造必须对全社会负责，政府也必须进行明智而谨慎的监管，以确保最大利益流向一国最大数量的人群。如若出现只有一部分人受益而另一部分人不受益的严重不平等，现代化进程将是分裂的、不受欢迎的，最终会弄巧成拙。庆幸的是，中国的政策制定者和规划者对糟糕政策的风险有着清醒认识，因而能够在实践中始终谨慎明智地推进现代化建设。中国为消除不平等而推出的共同富裕政策是十分正确的发展目标，值得在世界范围内加以推广。

西方现代化制度有失公平正义

可以说，西方现代化模式已经过时。现代化是一个持续不断更新循环的过程，它需要持续的、足够的、有意义的公共资金投入。然而，在经济发展水平上，西方国家在 21 世纪已经达到了其所能达到的最大极限，因此，依赖于国家经济能力的现代化在西方也已达到了上限。

在西方发达工业化国家内部，现代化是建立在巨大的财富分化基础之上的。其结果是，严重的社会分层现象造成了阶级怨恨，从而阻碍了在社会层面进行统一国家行动的能力。这样的国家状况显然无法充分发挥其实施现代化的潜力。从本质上讲，这是一个有失稳定的现代化制度，这种制度由于阶级、身份和利益的冲突而无法持续，从根本上限制了整个社会的共同前进。在西方现代化之路开启之初，这些缺陷和不足还不够明朗，许多人认为他们拥有公平的机会以及向上层社会流动的可能性。然而，随着时间的推移，所谓"西方现代化"的境况变得清晰起来：即使是那些勤奋努力工作、拥有精湛工作技能的人，也只拥有十分有限的机会甚至绝无任何取胜的机会。当金钱和利润的价值高于人自身的价值和社会意义时，政府对财富的监管不足意味着少数人的财富积累变得比满足大多数人的需求更为重要。在资本主义弊端受到较少约束的美国，这一问题表现得更为根深蒂固。基于反种族主义的大量示威者及对抗特权精英群体和政治领袖滥权行为的街头游行例如"占领华尔街运动"表明，社会分裂和阶层怨恨在西方社会普遍存在。

此外，西方的现代化建立在对其他国家的殖民剥削和窃取其他国家财富以及自然遗产的基础之上。它建立在对别国土地和文化的无耻侵占罪行之上，具体表现为奴隶制、种族灭绝和其他严重侵犯人权的行为。今天，西方现代化所谓的繁荣之象背后，是赤裸裸的殖民主义剥削和帝国主义掠夺的残酷历史行径。

与西方形成鲜明对照的是，中国的现代化不是依靠对外国的殖民征服、盗窃或帝国主义剥削所获得。相反，近代的中国不得不通过战争来抵御外国列强的入侵、占领和盗窃，以及反对强加于中国的不平等条约。

通力合作实现现代化成果共享

鲜为人知的是，古代中国比西方更早经历了现代性潜在种子的萌芽。英国科学家李约瑟在其重要著作《中国科学技术史》中指出，直至 16 世纪，西方才开始采用中国的发明创造，这些发明帮助西方实现了 18、19 世纪工业革命中大规模的制造业和工业化发展等早期现代化。遗憾的是，当时的中国却未能在世界范围内产生这种深远影响，因为这些科学发明往往是孤立的，缺乏深远的社会、经济或工业效应。然而，今天的中国已与往昔大不相同，能够在许多领域大幅应用科学发现和创新。与西方不同的是，中国现代化也受益于其儒家文化，儒家文化强调人文教育、精英管理和规范秩序，并最大限度地开发社会潜力。这种儒家文化助力中国成为东亚地区最为发达的经济中心。

如今，中国经验为其他发展中国家如何以可持续和负责任的方式推进现代化树立了良好榜样。难能可贵的是,除了注重自身发展,中国也意识到未来的现代化建设需要同世界各国通力合作以取得更大成效。"一带一路"倡议和区域全面经济伙伴关系协定(RCEP)就是这一跨国合作与协调的典范。一个国家靠自己的力量发展和实现现代化是有限度的,而当一个地区或国家集团齐心协力实现共同愿望时,现代化才拥有更多的可能性和更大的影响力。在未来,中国与东盟国家可以继续携手开拓其他互补性平台以使各方受益,双方也可通过创新合作方式并加强协调以实现更多的现代化成果共享。

(作者系马来西亚战略与国际问题研究所高级研究员)

中国式现代化不是西方复制品

◇莫天安(Andy Mok)/文

练志闲/译

现代化是指推动经济增长、技术进步和社会发展的社会转型过程。中国式现代化坚持以习近平新时代中国特色社会主义思想为指导。习近平新时代中国特色社会主义思想结合了中国丰富悠久的历史、经过时间考验的传统价值观、现代意识形态及实践,创造出了一条独特的发展道路。这种全面的方法使中国在实现现代化的同时保持了其文化特征和价值观,使得中国有别于西方世界。这种方法将智慧与创新和创造力相结合,在一个面临全新复杂挑战的世界里,成为一种实现更加公正、人道和可持续的未来所需要的方法。

中国式现代化不同于西方现代化

中国式现代化与西方现代化的一个关键区别在于国家的角色。西方更强调个人主义和自由市场,私营企业是经济增长的引擎,而政府发挥的作用较小。相比之下,中国式现代化是在中央指导下进行的，非常注重政府的作用。政府在推动经济增长、促进创新、投资关键行业（如科技和基础设施）等方面发挥了核心作用。

另一个区别是传统在现代化中的作用。在西方，传统往往被视为进步的障碍，而在中国，传统则被视为力量和传承的源泉。中国式现代化深受儒家思想的影响，儒家思想强调社会和谐、尊重权威和教育的重要性。这些价值观已经融入中国的现代化制度中，比如强调社会秩序，构建稳定的教育体系和法律体系。

此外，中国式现代化由对可持续发展和环境保护的关注所推动，这使中国有别于西方国家。中国过去的快速经济增长导致了环境问题，但近年来，政府已采取措施解决这些问题，中国在可再生能源领域进行了大量投资，并为减少碳排放设定了宏伟目标。

理解中国式现代化的哲学基础

法国汉学家马塞尔·葛兰言（Marcel Granet）曾提出，"中国智慧勿须上帝的观念"，这一说法指出了塑造中国式现代化的重要文化层面原因。许多西方社会深受宗教的影响，可能导致非黑即白的思维，而中国的传统哲学体系通常为无神论的、务实的、宽容的，注重培养个人美德，使自己与宇宙的自然节奏相一致。这对中国实现现代化产生了重要影响，即强调国家和集体行动，同时保护和利用其丰富的文化遗产，而不给自己或他人强加僵化的意识形态约束。这体现在中国倡导构建人类命运共同体，但在价值观与实现方法上没有一套一刀切的要求。理解这一哲学基础，对于理解中国式现代化道路的复杂性、成熟性和独特性，以及未来面临的挑战和机遇至关重要。

　　中国在现代化方面的建设成就令人赞叹不已,近几十年来,中国已成为一个经济和政治大国。通过国家主导政策和私营部门创新相结合,中国在基础设施建设、技术进步和社会福利等领域取得了显著进步。重要的是要认可并庆祝已经取得的许多成就,作为世界在应对 21 世纪复杂挑战时参考的指导原则。

　　归根结底,中国式现代化建设是一个持续的过程,每天都有新的挑战和机遇。通过认可和庆祝其成就,同时也寻求进一步改进的方面,我们可以获得重要的认识,了解世界各国应当如何共同努力,为所有人建设一个更美好的未来。

（作者系全球化智库高级研究员）

"国家意志"促成中国式现代化腾飞

◇图罗·维杰瓦尼(Tullo Vigevani)/文

白乐/译

学界普遍认为,改革开放的成功实施无疑为中国式现代化行稳致远注入了强大动力。伴随着对全球竞争力理念的认知与评估、对西方文明成果的扬弃与超越,中国人民在历史中摸索探寻出了一条独具特色的强国富民之道。这一全新的现代化治理模式,离不开中国几千年悠久历史和社会传统积淀而成的"国家意志"。这种坚定的意志,对外能够有效对抗以西方国家为主导的国际治理体系带来的挑战,对内能够转化为追求更强国际竞争力和更大社会创造性的不懈努力,从而促成中国式现代化的起步与腾飞。

国家政策对现代化进程有不可替代的作用

历史进程是由许多片段组成的,其中有断裂性,也有连续性。长期积累的某些历史条件会导致深刻的变化——正如法国政治思想家托克维尔所说的那样,这不仅仅是关于时间累积引起的改变,更是由社会客观条件发生的变革。20 世纪 20 年代以来,中国共产党开创了一条符合中国自身特点的革命道路,在总结历史经验教训的基础上不断丰富着自我革命的经验,可以说,这对于推进中国的现代化进程起到了决定性作用。

在任何国家,国家政策都对现代化进程有着不可替代的作用,"发展主义理论"对这一议题曾进行过激烈的讨论。在拉美地区,发展主义代表人物塞尔索·富尔塔多(Celso Furtado)、胡安·卡洛斯·普伊格(Juan Carlos Puig)、赫利奥·雅瓜里贝(Helio Jaguaribe)等人在这一领域的作品堪称经典。毫无疑问,从 1978 年开始,中国现代化建设就将国家政策的重要性置于首位。人们普遍意识到,对于先进现代技术的引进、吸收、发展、创新是提升国际竞争力的一大关键因素。与拉丁美洲国家不同的是,在吸收国外先进技术的同时,中国在国家层面制定了鼓励技术创新的长期现代化政策,创设了具有"自主特色"的高质量的科学技术研究体系,最终实现了技术领域的自给自足。在全社会创造一种投身研究和自主创新文化的同时,中国始终保持对世界范围内不断涌现的新型技术进行学习的态度。

对科学技术部门的投资、对提高生产力的重视等强有力的改革,带来了一次又一次全新的社会飞跃。如今,成千上万的年轻人供职于高水平的研究中心、技术公司和国防军工企业。在学习西方先进技术的同时,他们清楚地知晓如何用自己的知识促成国家和社会的长足进步。在这一力量推动之下,中国在经济、工业、军事生产等方面的发展水平得以大幅提高,在药理学、分子生物学、人工智能、计算机科学、天文学等领域迅速跻身世界前沿。

加强对中国"国家意志"形成条件的理解

如今,在一些所谓的核心发达资本主义国家看来,国际竞争的一个重要方面即是避免中国在所有关键领域包括经济、军事、文化和软实力方面的所谓"霸权",以及在知识、科学和技术领域的优势,而这正从侧面印证了中国日益增强的国家实力与国际影响力。

来自联合国和经合组织的数据表明,中国在现代知识领域对美国的超越已经存在,并有逐步扩大的趋势。这些数据鼓励不发达国家和发达国家效仿中国在现代化实现方面的做法,并主动去了解中国的现代化进步是如何发生和继续发生的。理解这一过程并不简单,它涉及许多经济和社会问题,但最重要的是,它关系到对中国的政治结构、社会文化和国家组织的认知,以及对中国"国家意志"形成条件的理解。在巴西,"国家意志"虽然被认为很重要,但仍是一种无法实现的愿望,达成这一目标的社会共识远远不足。

西方现代化加剧大多数人的不满

18世纪以来,英国"曼彻斯特式"的工业化集中发展之路开启了西方现代化的篇章,以自由竞争等放任政策为特点的自由资本主义随之进一步发展。以煤炭为主的化石燃料的大量使用、纺织业及铁路运输的大力发展等工业化模式在西方世界得到了大范围应用。随着时间的推移,这一西方工业化模式经历了深刻的变化,但其基本要素得到了保留与沉淀。继英国之后,德国、法国、荷兰、比利时及其他西欧国家纷纷走上了现代化之路。随着美国在 19 世纪 90 年代成为世界上工业产量最高的国家,这一模式达到了另一个极点。

然而,必须指出的是,从本质上而言,西方资本主义经济现代化的动力在过去和现在依然是资本对财富再生产和财富扩张的兴趣。这种对资本积累的疯狂追求决定了矛盾、危机、抵抗和对立必然成为西方现代化的内在属性。在一些西方国家,现代化在各领域、各群体间严重的不平衡和不协调性加剧了大多数人的不满,公共机构为全民服务的能力日渐羸弱。在许多情况下,这种公共服务能力未能成为国家政策的优先考量目标。正如罗伯特·考克斯(Robert Cox)等学者所主张的那样,在发达资本主义国家,满足最贫困人口的基本需求是当务之急。

在完善的民主环境之下,政府应与底层群体保持对话,但在一些西方国家,社会紧张局势和利益分歧是通过暴力来解决的。在促成现代化目标的过程中,西方国家政府本应通过社会力量组织及公共事务处理起到缓和、调解社会矛盾的作用,然而,遗憾的是,事实并非如此。相比之下,中国政府及其领导力量在形成有利于现代化发展的全国共识方面的卓越能力值得称赞。毫无疑问,中国近几十年所取得的现代化及社会发展成就,对巴西等拉美国家以及美国在内的最发达国家都有着重要的借鉴意义。

(作者系巴西圣保罗州立大学国际关系教授)

中国式现代化为人类实现
现代化提供了新选择

◇《中国社会科学报》记者　赵媛

中国式现代化为人类实现现代化提供了新选择。近日,斯洛文尼亚前总统达尼洛·图尔克(Danilo Türk)在接受本报记者专访时表示,世界将迎接中国发展新阶段。

《中国社会科学报》:中国式现代化是共同富裕的现代化,请问您如何理解共同富裕?

图尔克:这是中国发展的一个非常重要的方面,各国将认真研究这一点。中国已经消除了极端贫困,并将继续提高人民生活水平。此外,中国过去几十年的发展一直保持高增长率。在这一过程中,财富不平等不可避免。从长远来看,这必须得到纠正。最后,中国必须进一步发展国内市场,加强国内消费。在前几个阶段,中国的快速发展在很大程度上取决于投资和出口,并取得了巨大的成果。因此,现在似乎是制定更加依赖国内消费、加强国内市场并提高所有人生活水平的政策的时候了。此外,扎实推进共同富裕并不是唯一的政策优先事项。中国正在同步推进构建以国内大循环为主体、国内国际双循环相互促进的新发展格局和实现高水平科技自立自强等政策。

只有连贯一致的政策才能推动共同富裕取得更为明显的实质性进展。在新时代,这是实现中国梦和中国特色社会主义成功的必由之路。

从国际层面看,克服极端贫困、减少收入不平等和加强社会发展是世界各国均面临的重要任务。除了与贫困作斗争外,还包括体面工作、优质教育、更好的医疗保健和代际平衡等优先事项。联合国秘书长提议在 2025 年召开世界社会峰会(World Social Summit)。世界将期待中国在那次会议以及其他场合展示其共同富裕的成果。

《中国社会科学报》:您如何看待 2023 年中国的经济前景?

图尔克:总的来说,中国经济发展前景很好。国际货币基金组织目前的预测是,2023 年中国经济将增长 5.2%。这是一个非常令人鼓舞的预测。然而,像其他外国观察员一样,我无法具体预测。我期待 3 月的两会,并更多地了解中国的计划、政府将制定的目标以及政策。中国将如何制定政策,以落实最近召开的中国共产党第二十次全国代表大会所绘制的蓝图,将是一件值得期待的事情。最后,还有一个国际经济和政治环境的问题。能源市场是不可预测的。中国还需要一个稳定的国际金融环境。最重要的是,世界需要和平。如果所有这些方面都得到有智慧的治理,我们将实现共同繁荣发展,世界将迎接中国发展新阶段。

《中国社会科学报》:中国式现代化是人口规模巨大的现代化,从中西对比的角度,您如何看中国的老龄化挑战?

图尔克:许多国家,特别是欧洲国家,都面临着人口老龄化的现象。人口老龄化在以下几个重要方面对发展产生影响:医疗费用不断增长,养老金制度必须调整,代际关系必须得到重视。这很大程度上取决于针对年轻一代的政策——高质量的教育、体面的工作、负担得起的住房,以及将社会中的责任转移给准备充分的年轻人。这一切的一个重要方面是家庭政策。我相信,在中国,所有这些方面都将既是挑战也是机遇。考虑到家庭在中国社会中的重要作用,我希望中国在强化家庭和为年轻人提供尽早成家的机会以及为家庭生活提供足够稳定的条件方面具有创新性。

后　记

2023 年 2 月 7 日,习近平总书记在新进中央委员会的委员、候补委员和省部级主要领导干部学习贯彻习近平新时代中国特色社会主义思想和党的二十大精神研讨班开班式上发表重要讲话,深刻阐述了中国式现代化的一系列重大理论和实践问题。讲话立意高远、视野宏大、思想深邃、内涵丰富,是对中国式现代化理论的极大丰富和发展。

为深入学习研究阐释习近平总书记重要讲话精神,在中国社会科学院副院长、党组成员甄占民同志的倡议和指导下,中国社会科学杂志社所属《中国社会科学报》,约请国内外知名专家学者撰文或接受专访,推出特别策划"中国式现代化:人间正道"(共计 50 篇文章)。中国社会科学院副秘书长、中国社会科学杂志社总编辑方军同志逐篇审定了入选稿件。

2023 年 2 月 13 日、14 日和 21 日,该特别策划在《中国社会科学报》先后发表,引起广泛反响。应广大读者的要求,现结集出版。本书编辑出版过程中,得到了入选文章作者和受访专家的大力支持,人民出版社的领导热情关心,责任编辑翟金明同志贡献诸多智慧,谨表诚挚的谢忱。限于水平,本书容有不当之处,恳请理论界和广大读者批评指正。

2023 年 3 月

责任编辑：翟金明

图书在版编目（CIP）数据

中国式现代化:人间正道/中国社会科学杂志社 编. —北京:人民出版社,2023.4
ISBN 978－7－01－025539－2

Ⅰ.①中…　Ⅱ.①中…　Ⅲ.①现代化建设–研究–中国　Ⅳ.①D61

中国国家版本馆 CIP 数据核字(2023)第 048262 号

中国式现代化:人间正道
ZHONGGUOSHI XIANDAIHUA RENJIAN ZHENGDAO

中国社会科学杂志社　编

人 民 出 版 社 出版发行
（100706　北京市东城区隆福寺街 99 号）

中煤（北京）印务有限公司印刷　新华书店经销

2023 年 4 月第 1 版　2023 年 4 月北京第 1 次印刷
开本:710 毫米×1000 毫米 1/16　印张:16.25
字数:188 千字

ISBN 978－7－01－025539－2　定价:59.00 元

邮购地址 100706　北京市东城区隆福寺街 99 号
人民东方图书销售中心　电话（010)65250042　65289539